Savoir et oser dire Non

Dans la collection Eyrolles Pratique :

- *Premiers pas avec les échecs*, F. Lohéac

- *QCM de culture générale*, P. Biélande
- *QCM Histoire de France*, N. Grigorieff
- *Philo de base*, V. Grigorieff

- *Piercings et tatouages*, Y. Salmandjee

- *Gagner en efficacité*, Dr P. M. Georges
- *Rédiger sans complexes*, M. Fayet

- *Mieux connaître sa personnalité*, J.-F. Decker

Aussi disponible aux Éditions d'Organisation :

- *Les trucs anti-trac*, G. Garibal
- *Surmonter les conflits*, J. Carré
- *Lire vite et bien*, B. Soulez
- *Avoir confiance en soi*, S. Famery
- *Oser s'exprimer*, G. Lyr
- *Arrêter de culpabiliser*, S. Famery
- *L'entretien de motivation*, P. de Sainte Lorette
- *Tests de logique*, V. Clisson
- *Gérer son argent*, S. Khath
- *Gagner un procès*, M. Barakat-Nuq
- *Placer son argent en bourse*, P. Mosca
- *Gérer sa retraite*, C.-A. Duplat

Sarah Famery

Savoir et oser dire Non

Deuxième édition,
revue et corrigée

Éditions Eyrolles
61, Bld Saint-Germain
75240 Paris Cedex 05
www.editions-eyrolles.com

Direction de la collection « Eyrolles Pratique » : gheorghi@grigorieff.com
Maquette intérieure et mise en page : M2M
Illustrations : Hung

Sommaire

Préambule 7

Pour commencer... 9

Un problème bien posé est déjà à moitié résolu 13

Première partie : Pourquoi avons-nous du mal à dire « non » ? 39

1. À l'origine, la peur de s'affirmer, d'exister, d'être... 41

2. Un bain culturel peu propice à l'affirmation de soi 49

3. L'impact de l'enfance 65

4. Encore quelques raisons pour avoir peur de s'affirmer, d'exister 91

5. C'est le moment de faire des liens 97

Deuxième partie : Quoi faire pour mieux savoir et oser dire « non » ? . 109

6. Quelques préalables incontournables 111

7. Encouragez-vous 117

8. Concrètement, pour vous aider 125

9. Identifiez et dépassez vos peurs 131

10. Quelques derniers conseils 145

Conclusion : Dire « non », dire « oui », c'est dire ! 151

Table des matières 155

PRÉAMBULE
Le pouvoir de dire « non »

Nous avons tous le pouvoir de d.i.r.e « non ».

De fait, nous possédons la parole.

Cette faculté nous est donc naturellement donnée.

En deçà et au delà de la parole, nous avons aussi pour nous exprimer, le corps, les gestes.

Nous détenons donc, du moins physiquement, tous les moyens pour d.i.r.e « non ».

C'est psychologiquement, émotionnellement, affectivement que le bât blesse.

Ne pas oser dire « non », en effet, est toujours la marque d'une peur, d'une appréhension.

Sans elle, nous défendrions beaucoup plus spontanément nos opinions, nos intérêts, nos priorités.

En réalité, quand nous avons du mal à dire « non », nous craignons le plus souvent de parler pour *nous-même*, de nous défendre, de nous affirmer, comme si nous courrions un risque...

Pour commencer...

Savoir parler pour soi

Un besoin quotidien

Tous les jours, dans notre vie familiale, professionnelle, relationnelle, nous avons à répondre à des propositions, des invitations, des demandes, des sollicitations...

Tous les jours, nos patrons, conjoints, enfants, collègues, parents, amis, partenaires, nous demandent explicitement ou implicitement de faire, d'être « ceci » ou « cela », et cherchent même parfois à nous l'imposer.

Nous nous trouvons régulièrement face à des situations que nous pouvons choisir d'accepter, de refuser, de modifier.

De fait, nous avons presque quotidiennement à prendre position, à dire « oui » ou « non », en d'autres termes à savoir ce que nous voulons et à réussir à l'affirmer.

Des réactions toujours irrationnelles

Or, même quand nous le souhaitons, le désirons, quand c'est notre intérêt, nous ne savons pas toujours dire « non ».

Parfois aussi nous ne le pouvons pas.

Savoir et oser dire Non

Nous avons beau nous répéter : « j'ai raison », « je ne crains rien », « je ne risque rien », « il/elle ne m'en voudra pas »..., il est presque impossible de se raisonner !

Ainsi, même avec les années qui passent, nous avons parfois encore du mal à dire « non » à notre conjoint, notre patron, un parent.

Nous savons par ailleurs qu'il existe des demandes auxquelles nous ne saurions pas, nous ne pourrions pas dire « non », et nous sommes conscients d'éviter parfois certaines situations, certaines personnes pour cette raison.

Même sans demande précise, il nous arrive de nous sentir mal à l'aise, à l'étroit, contraint, prisonnier, écrasé, devinant confusément que quelque part, nous n'avons pas dit « non ».

Que cette difficulté soit régulière ou ponctuelle, elle handicape et il est légitime de souhaiter combler ce manque d'affirmation et d'épanouissement de soi qui crée, au mieux, du surmenage et du stress, au pire, une sorte d'abnégation de soi.

Avoir toutes les clés

Pourquoi, alors que nous pouvons d.i.r.e « non », avons-nous presque tous à un moment ou à un autre, sur un plan ou sur un autre, tant de difficultés ?

Pourquoi nous est-il difficile, parfois impossible de dire « non » ?

Pourquoi, nous raisonner, nous *préparer*, ne suffit-il pas ?

Que craignons-nous exactement ?

Pourquoi en sommes-nous capables sur un certain plan, avec certaines personnes, et pas dans d'autres circonstances ?

Pourquoi est-ce parfois une telle source d'angoisse ?

Et surtout comment savoir et oser plus facilement dire « non » ?

Pour commencer…

Dans ce livre, j'ai souhaité tout d'abord vous aider à voir clair, parce que je pars toujours du principe qu'un problème bien posé est déjà à moitié résolu.

J'ai souhaité vous amener à comprendre pourquoi nous éprouvons parfois tant de difficultés, pour vous aider à dire « non » quand vous le souhaitez, quand c'est " juste " pour vous.

J'ai souhaité écrire ce livre parce que je sais qu'il est essentiel de se positionner, de s'affirmer et parce qu'inévitablement, nous avons tous chaque jour et un *beau* jour, besoin, envie de dire « non », pour résister à de multiples pressions professionnelles, familiales, sociales aussi : même si elle peut sembler très permissive, notre société nous propose et surtout nous impose beaucoup de modèles et de normes auxquels il n'est pas non plus toujours simple de dire « non ».

Un problème bien posé est déjà à moitié résolu

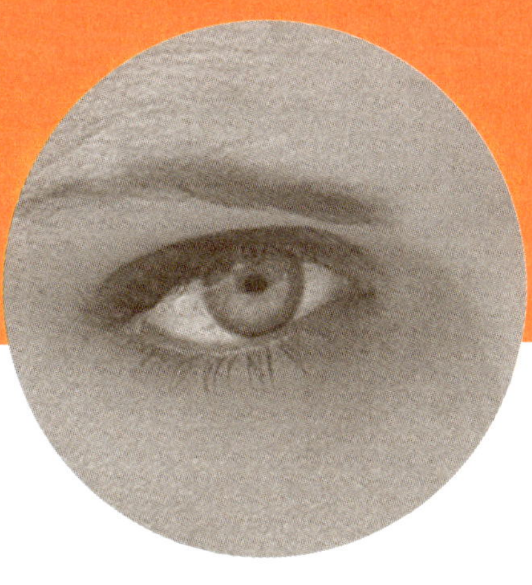

Commencez par y voir clair

On ne peut résoudre et aller au fond d'un problème que s'il est bien posé.

Voir précisément et avec le maximum de lucidité à qui, à quelle demande explicite ou cachée, dans quelle situation, jusqu'où, nous avons du mal à dire « non », est une étape incontournable pour que chacun puisse bien cerner “ son ” problème et d'une certaine manière déjà puisse entrevoir plus facilement des solutions.

En effet, les personnes, les situations auxquelles nous ne résistons pas, sont variées, différentes pour chacun d'entre nous et ne nécessitent pas les mêmes " traitements ".

Il est d'autant plus important d'y voir clair qu'il existe des personnes auxquelles, sans nous en rendre compte, nous ne disons pas « non », croyant partager leur point de vue, leurs intérêts, ou tout simplement parce que le fait de pouvoir dire « non » ne nous vient même pas à l'esprit !

Aussi est-il primordial, au risque de rester dans le flou, voire de se tromper de " cible ", de bien regarder en face ce qu'éventuellement même l'on *sait* déjà, et de ne rien esquiver.

Cherchez à tout voir, tout regarder, même ce dont vous n'avez pas pris conscience, même ce qui ne vous fait pas plaisir, non pour vous flageller ou pour culpabiliser, mais au contraire pour apprendre vraiment à mieux vous affirmer.

Plus vous verrez clair, moins vous cumulerez de frustrations et plus vous serez en mesure d'agir ensuite avec pertinence et efficacité.

Bien avoir cerné le problème est en effet le meilleur moyen pour commencer à prendre le recul qui convient et ne plus envisager sa difficulté comme une quasi-fatalité. De fait, prendre conscience en profondeur que l'on ne réussit pas à dire « non » à un collègue, à son enfant, met davantage en état de pouvoir changer, que de le savoir vaguement, et de laisser flotter la sensation. De plus cette lucidité nous remet forcément face à nos responsabilités vis-à-vis de nous-même.

Par ailleurs, en identifiant systématiquement les personnes auxquelles vous avez du mal à dire « non » et les situations dans lesquelles il vous est difficile de résister, vous pourrez plus rapidement faire des liens et commencer à entrevoir où se situe précisément l'origine de votre difficulté.

Comprendre par exemple que l'on a du mal à dire « non » à un suprérieur hiérarchique et que ce supérieur hiérarchique a le même comportement que notre père quand nous étions enfant peut nous faire prendre une distance très salutaire.

J'imagine que vous avez hâte de savoir comment mieux dire « non », mais plus vous aurez cerné votre “ problème ”, plus au fil de l'ouvrage il vous sera facile de détecter les raisons spécifiques qui vous empêchent de dire « non », de découvrir vos propres clés et vos propres solutions.

Au cas où vous auriez des doutes

Est-ce que vraiment vous ne savez pas dire « non » ?

On peut, vous pouvez penser ne pas savoir dire « non », alors qu'en réalité, vous savez.

Une personne en particulier, un moment, une situation

Vous pouvez bien entendu connaître un moment de fatigue, de faiblesse où vous baissez les bras, où vous vous laissez aller.

Toutefois même si une fois, vous “ perdez ”, il peut être très positif pour vous-même d'apprendre selon le cas, à céder, à lâcher, à laisser faire, à accepter un échec !

Il peut s'agir d'une personne qui vous fait “ craquer ” et/ou que vous vous surprenez à aimer.

Vous pouvez alors envisager le fait de ne pas savoir dire « non », de ne pas avoir dit « non », comme une faiblesse, surtout si cela n'est pas dans vos habitudes et si vous êtes quelque peu orgueilleux.

Peut-être pourtant est-ce une excellente chose pour vous.

Peut-être aussi, avez-vous en réalité longtemps résisté à ce type de personne ou de demande, alors qu'au fond, vous les désiriez fortement.

Le plaisir de faire plaisir

Vous pouvez encore si vous aimez, ou si vous aimez bien quelqu'un, avoir envie tout simplement de lui faire plaisir.

Dans ce cas toutefois, c'est le plaisir et non la frustration que vous éprouvez à dire « oui ».

Pourtant vous avez beau aimer ou aimer bien, il est également légitime de vous aimer et de vous aimer bien vous-même.

Si l'autre passe toujours avant vous, ou si votre seul plaisir est de lui faire plaisir, il est probable que vous évitiez quand même en partie de vous affirmer, de prendre position, ou de vous faire plaisir.

C'est l'excès, là, qui doit vous questionner.

Quand nous ne pouvons pas dire « non »

Il est des circonstances, où même si nous aimerions, même si nous avons parfaitement conscience que notre désir ou notre intérêt sont autres, nous ne pouvons pas dire « non » : par politesse, par nécessité, par éthique, par intérêt, par conscience professionnelle, par devoir, etc.

Il ne s'agit pas forcément là, en tous cas *a priori*, d'une difficulté à dire « non ».

Toutefois, si vous ne supportez pas l'idée, de temps en temps, de ne pas savoir dire « non », sans doute n'êtes-vous pas vraiment sûr de vous, sans doute avez-vous besoin en permanence de cette preuve pour être bien sûr de vous affirmer !

L'excès, toujours, est questionnant.

En effet, paradoxalement, savoir parfois être souple ou indulgent avec soi-même, est une preuve de confiance en soi.

Est-ce que vraiment vous savez dire « non » ?

On peut, sans du tout en être conscient, ne pas savoir dire « non » ou en être conscient, mais ne pas vraiment vouloir se l'avouer, le reconnaître.

On peut aussi le cacher derrière une grande " sagesse ", une grande " tolérance ".

Je veux surtout ici attirer votre attention et vous aider à accepter, si c'était votre cas, votre difficulté à dire « non », de manière à pouvoir vous affirmer davantage et plus vite.

En effet certains comportements ou attitudes sont très fréquemment, même si nous ne les identifions pas comme tels, le signe d'une difficulté à dire « non ».

Les signes

Voici certains signes qui doivent, si c'est le cas, vous faire penser que vous ne dites peut-être pas « non », aussi souvent que vous le désireriez.

- Être toujours débordé.
- Tout faire à moitié.
- Être dispersé.
- Ne pas être motivé.
- Rarement prendre de plaisir.
- Ne pas faire ce que vous voulez.
- Ne jamais avoir d'avis.
- Ne jamais savoir quoi dire.
- Ne plus savoir quoi faire.
- Avoir toujours l'impression de subir, d'être " écrasé ".
- Ne pas être vraiment satisfait de votre situation, de votre vie.
- Ne pas être vraiment content de soi, ne pas être à l'aise, en paix avec vous-même.

Les principaux systèmes de défense

Pour éviter d'avoir à dire « non », mais aussi pour ne pas avoir à en faire le constat – il est en effet difficile d'admettre que ponctuellement ou en permanence, partiellement ou totalement, on se nie soi-même –, nous développons des stratégies et des systèmes de défense pour nous protéger et pour nous permettre de fuir notre difficulté.

Nous croyons parfois qu'il s'agit de notre nature, de notre caractère.

Souvent, il n'en est rien.

Voici d'autres signes, expression en réalité de nos systèmes de défense et de protection.

- Ne jamais dire ce que l'on pense.
- Éviter certaines situations, discussions.
- Éviter les conflits.
- Refuser les responsabilités.
- Être très conciliant, très " tolérant ".
- Ne pas avoir d'esprit critique.
- Faire toujours profil bas.
- Être trop " gentil ".
- Céder avant même que l'autre l'ait demandé.
- Toujours rechercher le consensus.
- Ne jamais remettre en cause une idée reçue, un *a priori*.
- Être conformiste/se conformer.
- Obéir par principe.
- etc.

Plus subtils : les signaux

Outre les signes et les systèmes de défense, il existe d'autres stratégies plus sophistiquées encore, non seulement pour ne pas regarder, mais aussi pour ne pas " montrer " notre difficulté à dire « non ».

Ces comportements, mis en place pour cacher notre difficulté ou incapacité, sont des signaux, des clignotants qui révèlent en fait notre détresse.

- **Afficher une trop grande affirmation de soi :**

  Être, paraître très affirmé.

  Être, paraître très affirmé dans des domaines bien spécifiques.

  Ne jamais céder.

  Contrôler, maîtriser parfaitement un type de situation, de négociation, une catégorie de personnes, de demande !...

- **Avoir des réactions excessives ou systématiques :**

  Toujours dire « non ».

  Toujours dire « non » à une personne, une catégorie de personnes, un type de demande.

  Rester figé dans une position.

- **Ne jamais entièrement assumer sa position :**

  Trop rechercher des signes d'approbation.

  Toujours rechercher des soutiens, des appuis.

  Avoir tendance à vous cacher derrière les personnes qui pensent comme vous.

Tous ces signes et signaux peuvent, doivent vous questionner tout en sachant que le plus difficile n'est pas tant de reconnaître que vous n'osez pas dire « non », mais de commencer ou de continuer les remises en cause qui y sont liées.

Mettez-vous en situation et faites votre auto-diagnostic...

À qui avez-vous le plus de mal à résister ?

Nous avons tous, dans l'ensemble de nos relations, des personnes à qui il nous est plus difficile de résister qu'à d'autres.

Regardez cette liste une première fois, une seconde fois, et assurez-vous de tout voir !

Essayez d'être le plus honnête possible, vous avez tout à y gagner.

Dans le domaine professionnel et social, avez-vous du mal à dire « non » :

- à votre patron, le supérieur hiérarchique (quand bien sûr, cela serait possible), quelle que soit la demande : présence, service, mission, délai, justification, conditions de travail, négociation, invitation, etc. ? O
- à vos clients, quelle que soit la demande : mission, délai, honoraires, moyens, conditions, etc. ? O
- à vos partenaires, prestataires, fournisseurs, quelle que soit la demande : tarifs, délai, horaires, conditions, etc. ? O
- à vos collègues ou subordonnés, quelle que soit la demande : service, surcroît de travail, disponibilité, etc. ? O

- à toute personne représentant une autorité ou un pouvoir financier, scientifique, social : avez-vous alors plus de mal à défendre vos idées, vos intérêts, à faire valoir vos droits ? O

Dans le domaine personnel et privé, avez-vous du mal à dire « non » :

- à votre conjoint, partenaire, quelle que soit la demande, si elle vient de l'homme ou de la femme de votre vie (même du moment) ? O
- à vos enfants, quelle que soit la demande : désir, volonté, caprice, chantage... ? O
- à vos parents, quelle que soit la demande : volonté, désir, obligation, invitation, chantage... ? O
- à vos amis, quelle que soit la demande : invitation, proposition, service... ? O
- au quidam, à qui que ce soit, à n'importe qui ? O
- aux personnes du sexe opposé au vôtre : aux hommes (si vous êtes une femme), aux femmes (si vous êtes un homme) ? O

Vos réponses vous ont-elles surpris(e) ?

• Si oui, pourquoi ?

....

....

....

• En quoi ?

....

....

....

• S'il y a différentes personnes à qui vous avez du mal à dire « non », pensez-vous d'ores et déjà que ce soit pour les mêmes raisons ?

....

....

....

À quel type de demande avez-vous le plus de mal à résister ?

Si nous avons tous quelques difficultés à dire « non », il y a des demandes, ou des types de demandes, au delà de la personne qui les exprime, auxquels il nous est encore plus difficile de résister qu'à d'autres.

De fait, il est important pour vous de détecter à quoi, en général, vous avez le plus de mal à dire « non ».

En effet, il y a toujours, à travers la variété des demandes exprimées, 4 grands types de conséquences que l'on retrouve et qui peuvent ou non se recouper :

- plus de “ travail ” ;
- plus de “ don ” de soi ;
- une perte d'avantages ou d'intérêts ;
- moins de plaisir et/ou la négation de son désir.

C'est souvent, au delà de la nature même de la demande, à tel ou tel type de conséquence négative pour nous, que nous avons particulièrement de mal à dire « non » !

Comme précédemment, assurez-vous de ne rien oublier.

Avez-vous *a priori* particulièrement du mal à dire « non », quand la demande ou la proposition, quel qu'en soit l'émetteur, implique :

- plus de " travail ", d'efforts, de présence, de disponibilité, de responsabilités, de déplacements, etc. ? O
- un service, " petit ", " grand ", une " corvée " ? O
- un désavantage pour vous en termes de délais, moyens, rémunération, dédommagement, équité, etc. ? O
- un déplaisir, voire la négation de votre désir : une mission ? Le retrait d'une mission ? Une responsabilité ? Le retrait d'une responsabilité ? Une formation ? Le report d'une formation ? Une sortie ? L'annulation d'une sortie ? Un projet ? L'annulation d'un projet ? etc. O

Vos réponses vous ont-elles surpris(e) ?

- Si oui, pourquoi ?

....

....

....

- En quoi ?

....

....

....

- S'il y a différentes demandes auxquelles vous avez du mal à dire « non », pensez-vous d'ores et déjà que ce soit pour les mêmes raisons ?

....

....

....

Quelles conséquences ?

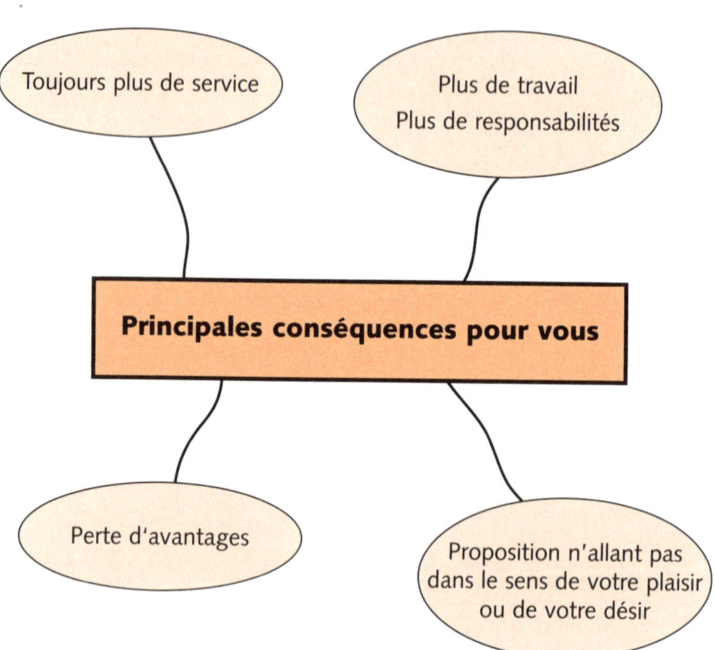

Récapitulez

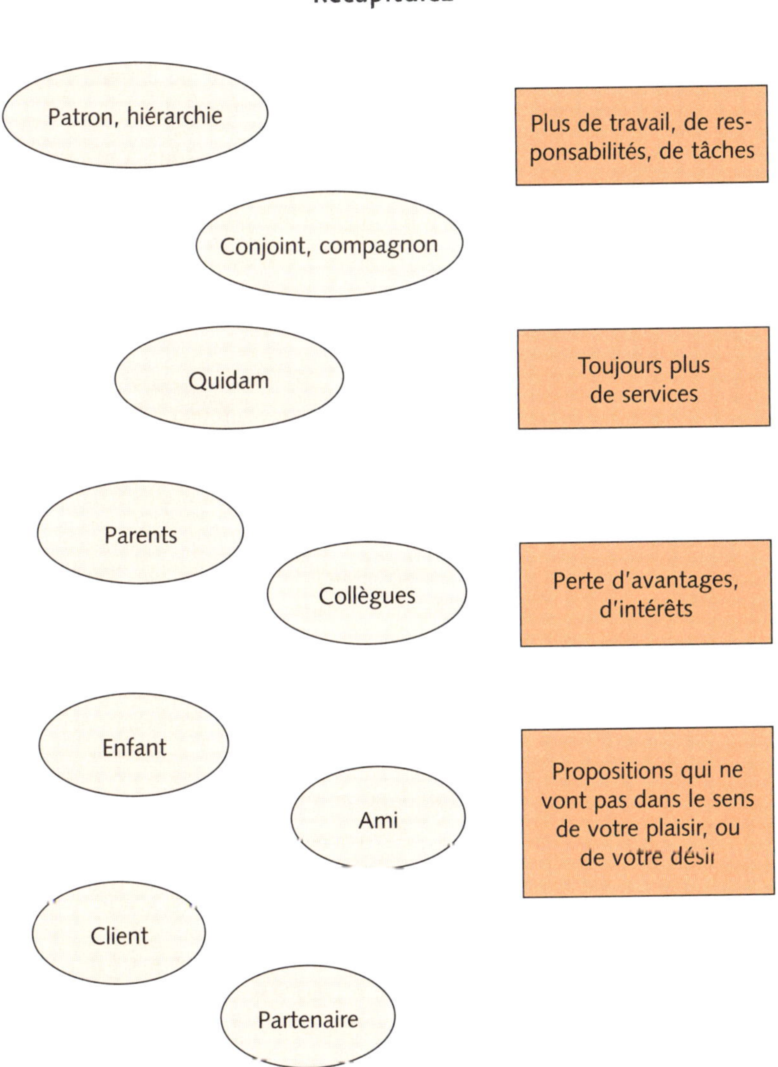

Soyez attentif(ve) à tous les croisements possibles.

Ne pas savoir dire « non » : jusqu'où ?

Si vous avez du mal à dire « non » un peu ou beaucoup, j'attire votre attention sur l'intérêt que vous pouvez avoir à découvrir à la fois l'amplitude, les enjeux et toutes les conséquences pour vous de cet état de fait.

Ne pas savoir dire « non » à la proposition d'un rendez-vous dont l'horaire ne vous arrange pas, n'a ni la même ampleur, ni la même importance, que de ne pas savoir dire « non » à une “ demande ” d'obéissance ou de soumission.

Or quand nous ne savons pas dire « non », nous n'en prenons pas toujours la dimension exacte.

Nous pensons parfois être incapable de dire « non », alors que sur les aspects importants de notre vie, nous savons parfaitement nous affirmer.

On peut en effet ne pas savoir dire « non » sur un sujet sans importance, mais face à des propositions vraiment engageantes, réussir parfaitement à se positionner.

Inversement, nous pouvons être intraitable sur un point de détail, mais nous laisser complètement écraser par l'autre, sans oser dire « non », sur un aspect fondamental de la vie.

Nous pouvons aussi penser être un peu laxiste de temps en temps quand en réalité, c'est presque une incapacité à poser notre désir qui nous handicape.

Ainsi nous n'identifions pas toujours pour nous-même tous les effets, notamment les plus profonds, de cette difficulté à dire « non ».

Pourtant si nous étions plus conscient, peut-être réagirions-nous davantage.

L'important n'est peut-être pas de regarder ce dont vous aviez déjà conscience, mais de voir ce que vous n'aviez pas vu, même si, une fois encore, il n'est pas toujours agréable de tout “ voir ”.

Quand précisément ne savez-vous pas dire « non » ?

- Toujours O
- De temps en temps O
- Exceptionnellement O
- Sur des questions anodines O
- Sur des sujets qui vous engagent beaucoup plus longtemps, profondément O
- Sur des points fondamentaux de l'existence O

Il y a fort à parier que plus c'est fréquent et sur des questions importantes, moins vous vous affirmez.

À l'inverse, il s'agit peut-être plus simplement d'acquérir certains réflexes.

Test

1. Au cours de votre journée, avez-vous l'impression de perdre du temps ?

Très souvent O

Souvent O

Rarement O

2. Estimez-vous agir à contrecœur ?

Très souvent O

Souvent O

Rarement O

3. Au cours de réunions professionnelles ou familiales, avez-vous le sentiment d'être en accord ou en paix avec vous-même ?

La plupart du temps O

Rarement O

Jamais O

4. Faites-vous des promesses que vous ne pouvez tenir ?

La plupart du temps O

Rarement O

Jamais O

5. Avez-vous des relations équilibrées avec votre entourage ?

La plupart du temps O

Rarement O

Jamais O

6. Partez-vous travailler motivé ?

Complètement O

Plutôt O

Pas du tout O

7. Au cours de votre journée, vous dispersez-vous ?

Toujours O
Souvent O
Rarement O

8. Vous arrive-t-il de regretter ce que vous avez fait, dit ou proposé ?

Très souvent O
De temps en temps O
Rarement O

9. Dites-vous ce que vous pensez ?

La plupart du temps O
Rarement O
Jamais O

10. Passez-vous les week-ends que vous souhaitez ?

La plupart du temps O
Rarement O
Jamais O

11. Êtes-vous nerveux ?

Très souvent O
Assez souvent O
Rarement O

12. Estimez-vous être épanoui ?

Complètement O
Moyennement O
Pas du tout O

13. Au bureau comme à la maison, vous organisez-vous :

Plutôt bien O
Rarement bien O
Plutôt mal O

14. Avez-vous l'impression d'étouffer ?

En permanence O
Souvent O
Rarement O

15. Êtes-vous satisfait de votre vie personnelle ?

Souvent O
Rarement O
Jamais O

16. Avez-vous l'impression de faire les choses à moitié ?

En permanence O
Souvent O
Rarement O

17. Êtes-vous stressé ?

En permanence O
Souvent O
Rarement O

18. Estimez-vous occuper la place qui vous est due ?

Complètement O
Moyennement O
Pas du tout O

1. Chaque fois que vous avez coché la première réponse, comptez 3 points. Comptez 2 points pour la seconde, 1 pour la dernière. Totalisez le nombre de points.

Entre 60 et 40 points : vous savez probablement dire « non » quand cela est nécessaire.

Entre 40 et 20 points : vous ne savez probablement pas suffisamment dire « non ».

En dessous de 20 points : vous éprouvez probablement une grosse difficulté à dire « non ».

2. Reprenez toutes les questions et comptez combien de fois vous avez répondu à :

la première réponse

la deuxième réponse

la troisième réponse.

Faites les totaux.

Résultat du test

• Vous aviez en majorité coché les premières réponses : vous voulez probablement trop faire plaisir, rendre service ou être apprécié des autres mais dans tous les cas, vous perdez du temps, vous vous désorganisez et vous n'allez peut-être pas à l'essentiel.

• Toutefois sur des aspects plus essentiels de votre vie, vous réussissez probablement à dire « non » et à vous affirmer en fonction de vos désirs profonds.

Vous aviez en majorité coché les secondes réponses : à force de ne pas dire « non » quand vous en avez envie ou quand ce serait souhaitable pour vous, vous finissez par stresser, somatiser peut-être, et par vivre plus ou moins en permanence une sorte de malaise. De fait, vous ne prenez probablement pas assez en compte vos intérêts, vos besoins, vous prenez trop sur vous, voire vous vous sacrifiez pour les autres et ne vous affirmez pas suffisamment.

• Vous aviez en majorité coché les troisièmes réponses : au delà de différentes contraintes que vous acceptez trop souvent, vous avez probablement aussi du mal dire à « non » à une “ demande sociale ”, un mode de vie qui ne vous convient pas, etc.

Vous en ressentez même inconsciemment une frustration très profonde dans la mesure où en réalité vous avez du mal à être vous-même.

Une forte culpabilité, une éducation, un milieu trop normatif, un parent très autoritaire ou dominateur peuvent être à l'origine de votre difficulté.

• Si vous êtes au maximum partout : il est temps de vous prendre en main et de comprendre pourquoi vous avez autant de mal à dire non.

Jusqu'où acceptez-vous de vous sacrifier ?

Voici des exemples de renoncement sur 4 degrés.

Positionnez-vous pour chaque domaine de votre vie sur l'un des quatre et prenez conscience des conséquences pour vous.

Domaine professionnel			Domaine personnel	
Accepter une vie professionnelle complètement insatisfaisante et frustante.	O	Degré 4	Accepter une vie personnelle complètement insatisfaisante.	O
Accepter un poste, qui ne plaît pas, qui ne convient pas.	O	Degré 3	Accepter un lieu de vie qui ne plaît pas du tout.	O
Sacrifier une semaine de vacances prévue de longue date, pour partir en mission.	O	Degré 2	Partir un mois en vacances dans un lieu, un environnement dont vous n'avez pas envie.	O
Accepter un dossier à lire pendant un week-end déjà chargé.	O	Degré 1	Accepter un contretemps désagréable dans son planning personnel.	O

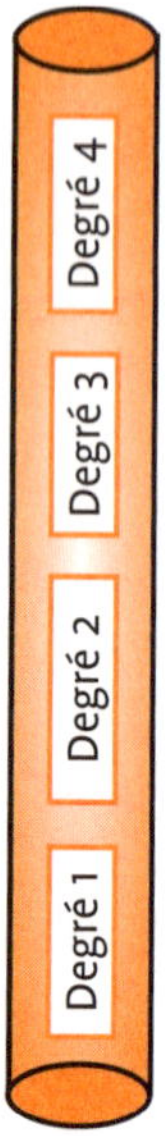

Conséquences

Degré 1 : désagrément

Degré 2 : compromis

Degré 3 : sacrifice

Degré 4 : négation de soi

À quoi vous laissez-vous “ avoir ” ?

Quand, même si nous avions décidé le contraire, nous n’osons pas dire « non », quelque chose bloque automatiquement notre volonté, et nous nous *laissons avoir* par l’autre.

Alors, qu’est-ce qui, parfois au dernier moment, entrave notre désir de dire « non » ? À quoi nous *a*-t-on ? À quoi *marchons-nous*, non au sens d’avancer, mais bien celui de nous *laisser avoir* ?

Est-ce le sens du devoir qui nous empêche de dire « non » à notre patron, et la peur, à notre conjoint, nos enfants ? Ou l’inverse ? Est-ce les deux ?

Quand vous n’osez pas dire « non », vous vous dites plutôt :

- « Il est de mon devoir de », « je dois », « je n’ai pas le choix » O
- « Il/elle ne va plus m’aimer si… », « il/elle va se venger » O
- « Il a forcément raison », « je me suis peut-être trompé », « je n’ai pas le pouvoir de dire “non” » O
- « Je vais lui faire de la peine » O
- « Ses intérêts sont plus importants que les miens », « je n’ai pas le droit de dire “non” » O

Savoir et oser dire Non

Quand nous n'osons pas dire « non », consciemment ou inconsciemment, nous nous laissons avoir par :

- le sens du devoir
- la crainte de déplaire
- le respect l'autorité
- la crainte de froisser, de contrarier, de blesser
- le sentiment de culpabilité.

Au delà des " mécaniques " que nous remontons sans le vouloir, certaines attitudes latentes peuvent également nous freiner dans notre capacité à dire « non » :

- le manque de réactivité, la passivité
- la résignation
- le peu d'écoute, d'estime, d'amour de soi.

Toutefois si l'on y réfléchit, ces attitudes, ces freins, ne sont finalement souvent que l'expression des entraves précédentes.

On peut en effet préférer se résigner ou se montrer passif plutôt que d'avoir à affronter la peur de déplaire, l'interdit. Quant au peu d'écoute, d'estime de soi, nous y reviendrons !

Récapitulons...

Quand nous n'osons pas dire « non », consciemment ou inconsciemment, nous nous laissons avoir par :

- **le sens du devoir**
- **la crainte de déplaire**
- **le respect de l'autorité**
- **la crainte de froisser, de contrarier, de blesser**
- **le sentiment de culpabilité.**

À vous de voir !

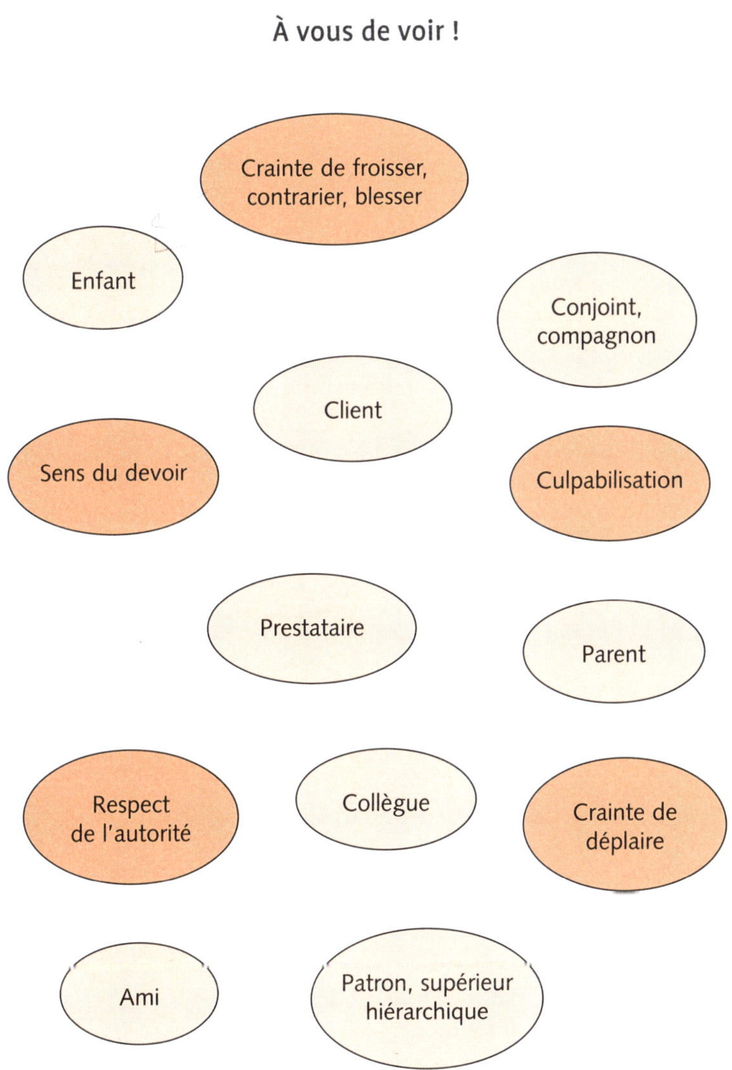

Là encore, soyez attentif(ve)
à tous les croisements possibles.

Première partie

Pourquoi avons-nous du mal à dire « non » ?

Chapitre 1

À l'origine, la peur de s'affirmer, d'exister, d'être...

Il peut sembler étrange de craindre d'assouvir un besoin aussi naturel que celui de s'affirmer, d'exister, d'être.

Pourtant, c'est toujours cette peur qu'au fond de nous plus ou moins fortement, nous ressentons, et dont nous souffrons, quand nous ne savons pas dire « non ».

Savoir et oser dire Non

Si nous ne craignions ni de nous affirmer, ni d'exister, nous serions beaucoup plus spontanément en mesure de dire « non », et de défendre nos intérêts.

Il serait même presque inenvisageable de ne pas oser dire « non ».

C'est d'ailleurs parce qu'il y a derrière notre difficulté à dire « non », cette peur de s'affirmer, d'exister, que nous vivons très mal, au delà des conséquences négatives objectives pour soi, le fait de ne pas y parvenir, ou difficilement.

Certes ce constat, cette prise de conscience ne sont pas toujours agréables à faire.

Il n'est pas simple, quand on est adulte, père ou mère de famille avec des responsabilités, d'admettre que nous n'osons pas nous affirmer, exister, que nous avons *peur*.

Toutefois nous savons bien au fond de nous-même, jusqu'où nous osons, ou n'osons pas nous affirmer et ce qui se cache derrière cette attitude.

C'est difficile à admettre, mais reconnaître cette peur de s'affirmer, d'exister, est nécessaire pour réussir plus facilement à dire « non ».

Savoir, oser dire « non »

=

S'autoriser à s'affirmer, à exister, à être

Pensez à présent aux situations dans lesquelles vous n'osez pas dire « non ».

Ne se cache-t-il pas derrière votre attitude, plus ou moins, la peur de vous affirmer, d'exister ?

1. La peur de s'affirmer

Mais d'où vient cette peur ?

Si à l'origine de notre difficulté à dire « non », se tient la peur de nous affirmer et d'exister, d'où vient cette peur ?

Pourquoi ne nous autorisons-nous pas à exister et à nous exprimer, alors qu'il n'y a rien de plus légitime, et que nous sommes là pour ça !

Qu'elles soient liées à un mode d'éducation, à un manque d'habitude, à des peurs plus profondes, et quelle que soit leur intensité, il existe trois causes majeures à la difficulté à dire « non ».

La crainte de l'autorité

Quand on craint, quand on redoute une autorité que l'on ne s'autorise pas à remettre en cause, et à laquelle par conséquent, automatiquement, on a tendance à se soumettre, il n'est pas aisé d'oser s'exprimer et s'affirmer.

La culpabilité

On éprouve, quand on se sent coupable – et les personnes qui ont cette tendance le savent – de grandes difficultés pour exister, prendre sa place.

Le besoin d'être aimé ou la peur de ne plus l'être

Le trop fort besoin d'être aimé ou la peur de ne plus l'être nous empêchent également de nous affirmer, d'exister, dans la mesure où chaque fois que l'on s'affirme, on prend le risque de déplaire à l'autre, de le contrarier, donc le risque qu'il ne nous aime plus.

Ce sont ces " peurs " qui nous empêchent, de manière totalement irrationnelle la plupart du temps, de dire « non ».

Parfois, elles se recoupent et se renforcent.

Dans les très fortes incapacités à dire « non », elles sont plus ou moins toutes les trois présentes.

Ces “ peurs ” prennent racine dans notre passé, souvent dans notre enfance, même si *a priori* nous ne devrions plus avoir à redouter l'autorité, à nous sentir coupable en nous affirmant, à craindre de ne plus être aimé.

Pourtant de multiples faits, de multiples événements nous conduisent souvent à penser le contraire.

Ainsi, si exister est un droit, et dans une certaine mesure presque un devoir, il est rare que nous en jouissions pleinement.

Et pour vous, comment ça joue ?

Observez ce qui a le plus résonné en vous :

- la crainte de l'autorité ?

....

....

....

- la culpabilité ?

....

....

....

- la peur de ne pas, de ne plus être aimé(e) ?

....

....

....

Que vous est-il alors venu à l'esprit :
images, souvenirs, émotions, idées ?
Si rien ne vous est venu, laissez seulement la porte ouverte...

....

....

....

1. La peur de s'affirmer

Pourquoi n'ose-t-on pas dire « non » ? (I)

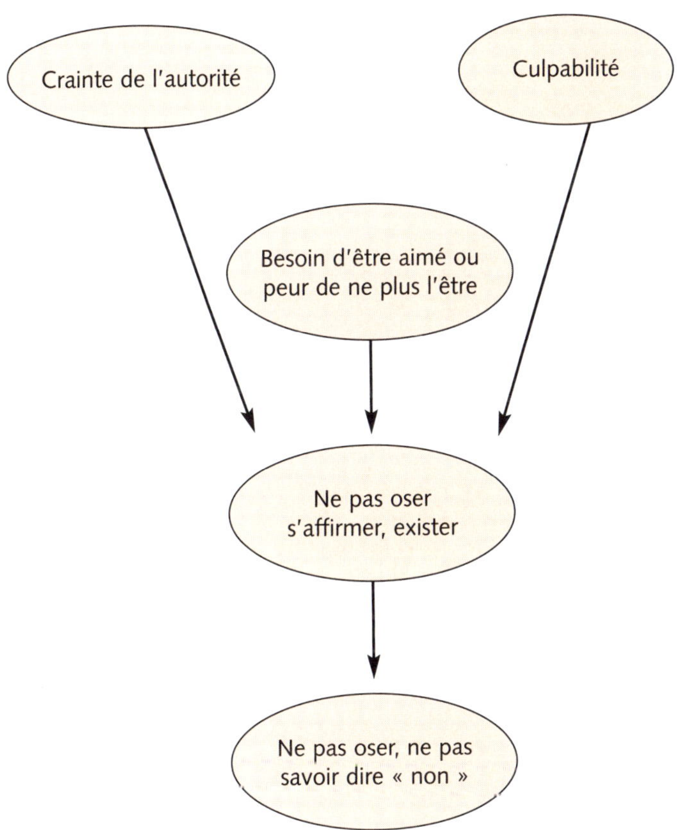

Alors, qu'en pensez-vous ?

• Voyez-vous, d'ores et déjà, des raisons particulières d'avoir eu à craindre l'" autorité " dans votre enfance ?

....

....

....

....

....

• Voyez-vous, d'ores et déjà, des raisons, enfant, de vous être senti(e) coupable ?

....

....

....

....

....

....

• Voyez-vous, d'ores et déjà, des raisons particulières, enfant, pour avoir craint de ne pas/de ne plus être aimé(e) ?

....

....

....

....

....

....

Chapitre 2

Un bain culturel peu propice à l'affirmation de soi

Un faible encouragement à être soi-même

Tout d'abord il est bon d'être conscient que nous n'avons pas, en général, vraiment été éduqué pour être nous-même, nous exprimer, mais plutôt pour *obéir*, accepter des normes, rentrer dans des *moules*, même s'ils ne nous conviennent pas ou si nous nous y sentons un peu à l'étroit.

Nous avons plutôt acquis dans l'enfance l'idée qu'être responsable d'un côté, et adulte de l'autre, équivaut à ne pas faire de vagues, à ne pas se faire remarquer, à rendre service, à accepter de se sacrifier pour le bien-être des autres, au risque de passer pour un a-social, un rebelle, un immature, un égoïste.

De plus, il est également plutôt de bon ton dans notre société, d'être débordé, d'" assumer ", au risque cette fois de passer pour un inefficace.

Ce contexte culturel ne peut favoriser l'affirmation de soi.

Donner une bonne image de soi

Véronique a 34 ans, elle est cadre dans une banque internationale et très motivée par son job. Elle a par ailleurs une vie familiale plutôt épanouie.

La seule ombre au tableau : une de ses collègues, caractérielle, très lunatique, égocentrique ne tient absolument pas compte des besoins des autres et fait des réflexions sans arrêt à toute l'équipe.

Véronique finit après plusieurs mois par être totalement exaspérée.

Toutefois elle ne parvient pas à dire « stop » à cette collègue.

Elle craint de ne pas paraître assez sociable, compréhensive, ou de montrer une trop faible maîtrise d'elle-même.

Véronique souhaite tellement donner une bonne image d'elle-même, qu'elle en oublie qu'être sociable ne signifie pas se laisser marcher sur les pieds ni tout accepter.

Ce serait même d'une certaine façon plutôt aider l'autre à grandir et à se respecter lui-même que de lui poser des limites.

Très intelligente et très vive pourtant, il lui a fallu en prendre conscience pour s'autoriser à remettre un jour sa collègue à sa place.

Une faible habitude à communiquer

Le manque d'habitude à communiquer, à dialoguer, ne peut favoriser l'affirmation de soi ni l'expression spontanée de ses points de vue.

Or, même si les comportements évoluent, nous étions rarement habitués il y a encore une vingtaine d'années, dans nos familles ou à l'école, à exprimer nos opinions, nos avis, ce que nous ressentons. Nous y étions rarement invités.

Ainsi ce manque de dialogue est aujourd'hui encore très répandu. Il n'y a qu'à voir le nombre de non-dits (sans jeu de mots) dans les milieux professionnels ou familiaux pour se rendre compte de l'étendue du phénomène.

En effet, nous avons en général davantage tendance à essayer de faire de la résistance passive plutôt qu'à exprimer clairement notre position, notre perception, notre désaccord, etc.

De surcroît, si cette absence de dialogue n'a pas favorisé notre expression naturelle, elle n'a pas non plus favorisé ce sentiment plus profond d'*exister* que permet le fait même de communiquer, de parler, et surtout d'être écouté et entendu.

Ainsi l'impact du contexte culturel et l'habitude prise à communiquer ou non, jouent toujours un rôle non négligeable dans notre difficulté à dire « non ».

Ne pas penser à communiquer

Daniel, 42 ans, vient de passer au statut de cadre. D'un côté, il en est très heureux, mais de l'autre, il a de plus en plus de mal à gérer la pression et le stress. En effet, il ne sait dire « non » ni à ses hiérarchiques – quand les délais sont trop serrés et impossibles à respecter d'un point de vue réaliste –, ni à son équipe quand cela est nécessaire et qu'il doit être exigeant.

Du coup, il prend en charge une partie du travail qui ne lui incombe pas, et subit à la fois la mauvaise humeur de certains collaborateurs (qui de surcroît avaient pris avant son arrivée de mauvaises habitudes) et la pression de patrons toujours plus exigeants, sans réussir à voir la manière dont il peut s'en sortir.

Même s'il a encore à intégrer son nouveau rôle d'interface, Daniel n'a tout simplement pas le réflexe de communiquer, et il encaisse.

Ayant grandi dans une famille où l'on ne communiquait pas, il a de plus, été élevé dans le respect de la valeur " travail " et ne parvient pas, du coup, à repérer jusqu'où il est de son devoir de s'acquitter de toutes ces tâches et à partir de quand il est normal de se " protéger ".

Petit à petit, Daniel réussit à mieux faire passer ses messages tant envers ses supérieurs qu'envers ses collaborateurs et à mettre les limites qui convenaient. Il peut ainsi mieux se positionner et expliquer d'un côté à son équipe le pourquoi des urgences de certaines demandes et à ses patrons de l'autre, la nécessité de moyens ou de délais supplémentaires sans se discréditer le moins du monde, au contraire.

En effet, Daniel, habitué à se valoriser uniquement par le travail et la quantité de travail, craignait en se consacrant d'ailleurs à sa véritable mission de perdre tant la reconnaissance de ses patrons que celle de ses collègues et d'apparaître presque comme un incompétent !

Oser s'exprimer

Yves a 35 ans. Il est cadre supérieur dans un grand groupe pharmaceutique. Marié, père de deux enfants, il est totalement démotivé, au bord de la dépression.

Il a l'impression de régresser tant dans son entreprise où il ne réussit pas à prendre sa place, à s'imposer, à se valoriser, que chez lui, où sa femme lui reproche de ne prendre aucune initiative, de ne pas participer à la vie de la maison.

À l'âge où il devrait s'affirmer, il a l'impression de rester un " petit garçon ".

En réalité, Yves ne sait pas s'exprimer ; il ne sait dire ni « oui », ni « non », il ne sait pas poser de limites, ni exprimer ses souhaits réels.

Il en a presque perdu sa joie de vivre, tant il a le sentiment de ne pas être acteur de sa vie.

En effet, à force de ne pas s'exprimer, il finit par vivre des situations totalement frustrantes et dévalorisantes.

D'une famille nombreuse, où il y avait très peu de communication, Yves n'a tout simplement pas eu l'habitude de s'exprimer, ni celle d'ailleurs d'être écouté.

Comme d'autre part il n'a reçu que peu de marques d'affection, il en a conclu que le meilleur moyen d'être apprécié, était d'obéir et de faire ce qu'on lui demandait de faire.

Les années ont beau passer et Yves être doté d'une grande envie de communiquer, il dit rarement ce qu'il pense et ne réussit pas à prendre des positions claires et à se défendre quand certaines choses lui sont imposées.

Il lui faudra du temps pour prendre l'habitude d'exprimer ses idées, ses opinions, ses envies, ses désaccords, tant dans sa vie personnelle que professionnelle. Enfin, il pourra s'apercevoir qu'il est possible de dialoguer avec sa femme ou avec son patron, d'argumenter, de faire des suggestions, de refuser certaines demandes, non seulement sans sanction mais avec une gratification réelle et à la grande satisfaction de tous.

L'influence judéo-chrétienne

Conjointement à un mode d'éducation déjà peu fondé sur la communication et au processus de socialisation nécessaire à toute société, la culture judéo-chrétienne a conditionné et nourri notre crainte de l'autorité, de ne plus être aimé et notre culpabilité.

Même si les mentalités ont beaucoup évolué ces dernières années, on nous a éduqués à nous soumettre à l'autorité – qu'elle soit politique, religieuse, parentale, professorale... – ce qui nous invite plutôt à obéir.

Difficile déjà de dialoguer et de dire « non » à ce que l'on nous demande.

Difficile de reconnaître sa propre autorité, sa propre capacité à dire !

Quand l'autorité est trop forte, il ne peut, par définition, n'y en avoir qu'une !

Si l'autorité est là, en partie pour nous soumettre, nous faire obéir, il y a inévitablement culpabilité à passer outre, à transgresser, à contester l'ordre établi.

Dans cette optique, nous nous sentons toujours un peu coupable de nous faire plaisir, d'écouter nos désirs.

Or, n'oublions pas que dire « non », c'est toujours oser directement ou indirectement penser à soi, exprimer son désir pour plus de plaisir.

Difficile, là encore, de ne pas se sentir coupable quand on choisit de dire « non ».

Enfin, si nous nous soumettons parfois si longtemps, si totalement à l'autorité, c'est bien parce que nous craignons, en n'obéissant pas, en ne faisant pas ce qui nous a été présenté comme notre devoir, de ne plus plaire, de ne plus être aimé.

Sinon, nous prendrions sans doute beaucoup plus de liberté, notre liberté.

Or de fait, nous avons forcément plus ou moins entendu : « Si tu désobéis, je ne t'aimerai plus, on ne t'aimera plus »...

2. Un bain culturel peu propice

C'est également pour être aimé que nous avons accepté des interdits, et que par la suite, nous nous sommes sentis coupables de les transgresser.

Nous avons là encore trop entendu, ou cru entendre : « Si tu te fais plaisir, trop plaisir, pas le plaisir qu'il faut… ».

Bien sûr, tout se passe au niveau inconscient, en tous cas dans un premier temps. Mais c'est là précisément, que nous sommes vraiment marqués.

Difficile, dans ce contexte, d'oser s'exprimer.

Difficile d'oser s'affirmer et exister.

Ces facteurs expliquent et renforcent la tendance à accepter de ne pas s'affirmer, de ne pas communiquer, ainsi que la puissance de la demande sociale.

Pourquoi n'ose-t-on pas dire non ? (II)

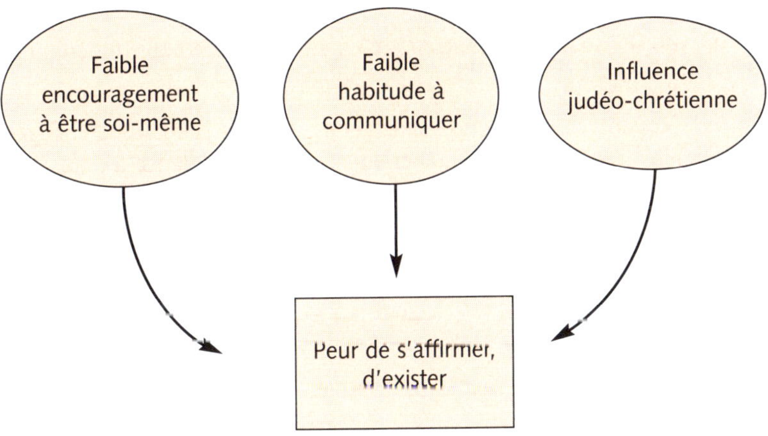

Et notre environnement qui change peu

Si, malgré les années, les étapes, nous continuons à avoir du mal à dire « non », c'est d'une part, que l'origine du problème est ancienne, et d'autre part, que notre univers familial d'origine modifie rarement ses fonctionnements et ses demandes, sauf en le décidant et en y travaillant.

Parallèlement, pour la plupart d'entre nous, nous vivons au contact d'individus qui partagent notre culture, et il est d'autant moins simple de s'en dégager.

Dans le monde du travail, comme dans notre univers privé, les personnes qui ont l'autorité, le pouvoir, ou l'une de leur forme, même si elles-mêmes en souffrent par ailleurs, continuent souvent à en jouer, à faire culpabiliser les autres pour arriver à leurs fins, à faire du chantage affectif.

On a eu beau souffrir du système, on en connaît les mécanismes et les “ avantages ”.

Il faut soit n'en avoir pas souffert, soit s'en être libéré pour fonctionner différemment.

Par conséquent, même si nous changeons, si nous souhaitons changer, notre milieu familial, professionnel, lui, a souvent tendance à nous faire régresser.

Il est alors d'autant moins facile, mais d'autant plus essentiel de réussir à dire « non ».

2. Un bain culturel peu propice

Les relations de pouvoir

Il est évident que les relations de pouvoir existent tant au bureau qu'à la maison, et que l'*autre* ne favorise pas forcément notre expression, notre affirmation, voire en contrarie les tentatives.

Sans que les rapports soient vraiment conflictuels, nous avons souvent des intérêts légèrement ou fortement différents, et d'autre part, il existe entre tous les individus, consciemment ou non, la nécessité de poser ses limites. Or certaines personnes, même très bien intentionnées à notre égard, ont tendance à être envahissantes ! C'est là qu'il faut résister.

Le désir de pouvoir d'une personne sur l'autre existe d'autant plus dans nos sociétés, que l'on a du mal à s'affirmer naturellement, n'en ayant pas pris l'habitude.

Il faut donc le faire par des moyens détournés, en essayant de préférence d'avoir un pouvoir sur l'autre, même si globalement nous en souffrons tous !

Ce climat ne favorise pas l'expression ni les positions personnelles.

Les personnes toxiques

Il existe bien entendu des personnes qui, pour asseoir leur pouvoir ou se rassurer elles-mêmes, ont une très forte tendance à jouer sur l'affectif, à profiter de leur statut en abusant de leur pouvoir, à faire culpabiliser, jouant ainsi sur les trois ressorts de la difficulté à dire « non ».

Même sans blocage majeur, mais *a fortiori* si vous en avez déjà un, ces personnes peuvent vous faire régresser et saper encore davantage votre capacité à vous affirmer.

En pleine régression

Catherine est assistante. Elle a 48 ans. Tout à fait équilibrée, bien dans sa peau, elle n'avait jusqu'à présent pas de difficulté particulière à dire « non ».

Pourtant, depuis 3 ans qu'elle travaille avec J., elle se laisse " bouffer " et parvient de moins en moins bien à se défendre.

J., son patron, est très sympathique, il a beaucoup de charisme et il est très séducteur. Très compétent, il est aussi assez dominateur et aime que les gens le valorisent. Il apprécie de voir jusqu'où il a un pouvoir sur quelqu'un.

Du coup, de manière plus ou moins consciente, le patron de Catherine a tendance à faire du chantage affectif du type : « si tu ne fais pas ce que je veux, quand je le veux, et si tu ne me valorises pas comme je le veux, je t'aimerai moins, nous serons moins proches, moins complices »...

Catherine, qui est très compétente et qui estime beaucoup son patron (avec qui elle s'entend très bien sur le plan professionnel), perd un peu le sommeil, travaille avec moins de plaisir et voient ses relations se durcir de plus en plus.

Elle se sent piégée. Elle ne comprend pas ce qui se passe et ne réussit pas non plus à trouver la position juste avec J., à mettre certaines limites, à dire « non » à certaines de ses demandes qui ne sont au fond que des prétextes pour vérifier le pouvoir qu'il a sur elle.

En réalité, dans la mesure où bien entendu, il est son patron, J., par son comportement et son propre besoin affectif, a fait régresser Catherine qui petit à petit a perdu ses défenses.

Il lui faut démonter tout le mécanisme pour réussir à retrouver la bonne distance vis-à-vis de J., à en rester très proche tout en sachant faire la part des choses.

2. Un bain culturel peu propice

Une forte " demande " sociale

Outre les demandes exprimées ou non exprimées, il existe dans toute société, dans toute culture, quel qu'en soit le contenu, une autre demande, qui est la " demande " sociale d'être et de rester dans une norme, dans la norme.

Cette *demande* nous a d'abord été adressée dans le passé, pour nous socialiser et faire de nous des êtres capables de vivre en société.

Toutefois, en nous apprenant à obéir, à dire « oui » à l'ordre établi, aux lois, aux règles (parfois nécessaires et ponctuellement bénéfiques pour notre construction), cette *demande* nous a policé, en nous apprenant indirectement à ne plus savoir dire « non ».

De fait, accepter de ne pas dire « non », et continuer ainsi, c'est ce que nous faisons quand nous n'osons pas remettre en cause certaines règles ou certains modèles de vie et de réussite, transgresser certains interdits, quand nous aimerions dire, faire, proposer quelque chose, mais que « cela ne se fait pas ! », quand nous laissons se produire des événements qui nous choquent, qui nous blessent, mais que nous ne faisons rien pour arrêter.

Dire un vrai « oui »

Jean est une personne dont on peut dire qu'elle a « tout » : 44 ans, marié, trois enfants, avocat reconnu... belle réussite. Pourtant, Jean ne se sent pas bien. Il est très angoissé, stressé. Il n'en comprend pas la raison car « tout va bien ».

En fait, c'est à une " norme ", à un modèle de réussite, qu'il n'a pas su dire « non » et auquel il ne sait pas encore aujourd'hui résister.

Très docile, il a en réalité, sans s'en rendre compte, fait exactement ce que la société et son milieu lui demandaient, lui dictaient de faire, d'être, aussi bien sur le plan de ses études, que sur le choix de son épouse, de son mode de vie, etc. Jamais il n'a pensé qu'il pourrait avoir un désir différent.

Aujourd'hui, à 44 ans, c'est cela qui l'angoisse. D'une certaine façon, il ne s'est jamais exprimé vraiment. Peut-être aurait-il aujourd'hui la même vie, mais la différence est qu'il y aurait réfléchi, qu'il aurait choisi, qu'il se serait donné le choix…

Là, c'est comme s'il ne l'avait pas eu. Il n'a vraiment jamais dit ni « oui », ni « non ».

Il a tout simplement et inconsciemment fait ce que la société, son éducation, sa famille, lui avaient demandé de faire.

Jean a eu une éducation très classique, assez rigide, où il était essentiel de réussir socialement et d'assumer sa famille.

Pour se sentir mieux, Jean est amené à tout revisiter et à introduire quelques changements qui lui conviennent mieux dans l'organisation globale de sa vie ; travailler moins, se faire davantage plaisir, dire « non » à certaines obligations tant professionnelles que familiales, mettre parfois les pieds dans le plat !

Et pour compléter le tableau…

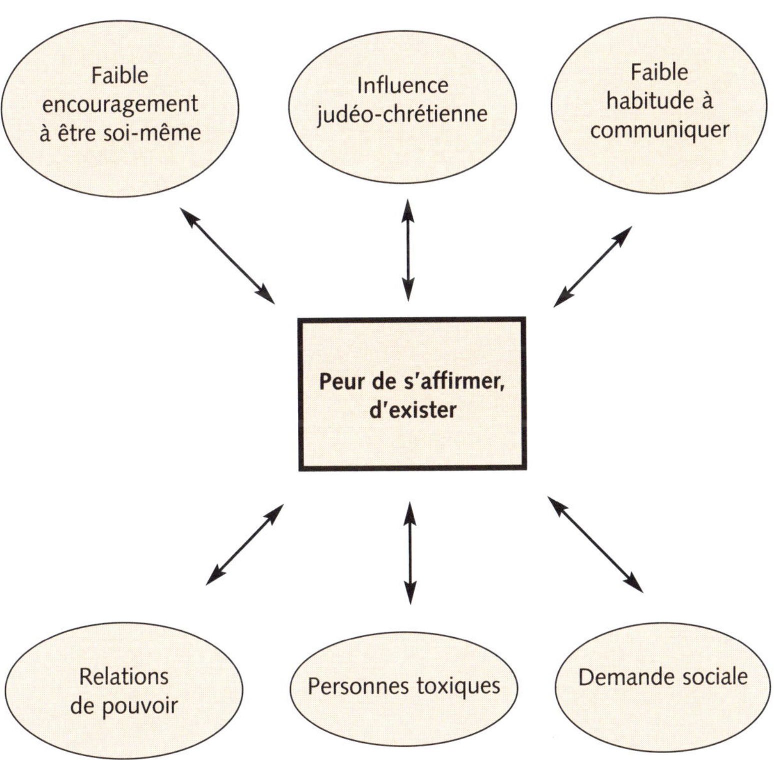

Chapitre 3

L'impact de l'enfance

Regardons à présent les raisons plus précises qui peuvent, dans l'enfance, nous avoir trop soumis à l'autorité, rendu coupable, fait redouter de ne plus être aimé.

Vous le constaterez : elles sont assez nombreuses.

Sinon, beaucoup plus de gens réussiraient à dire « non » simplement quand ils en ont envie, quand c'est juste pour eux.

Rien n'est valable pour tous. Le même événement ne jouera pas de la même manière pour tous les individus.

Pour les uns, il n'aura que très peu d'incidence, pour les autres, une énorme.

Parallèlement au contexte culturel ambiant, des événements, des facteurs spécifiques de notre histoire personnelle, vont avoir ou non amplifié ces craintes.

Notre histoire personnelle... et la crainte de l'autorité

Un parent très autoritaire, dominateur

De toute évidence, un parent très autoritaire, dominateur, possessif, favorisera inévitablement la difficulté à s'affranchir de l'autorité, à ne plus la craindre, et surtout à ne plus craindre sa sanction.

Bien sûr, ce n'est pas avec vos yeux d'aujourd'hui qu'il convient de lire ces lignes, mais avec ceux que vous aviez enfant.

Tout comme alors, compte tenu de notre taille, nous voyons les parents beaucoup plus " grands " qu'ils ne le sont en réalité, nous imaginons et nous leur attribuons également une autorité et un pouvoir bien plus importants qu'ils ne les ont en réalité.

Un parent très exigeant, dur, pourra renforcer cette impression d'autorité.

Remettez-vous à la place de l'enfant, à votre place d'enfant...

À cet âge, les parents sont l'autorité.

3. L'impact de l'enfance

Oser désobéir

Ségolène travaille dans un organisme international et est passionnée par son travail.

Toutefois, les piles de dossiers s'amoncellent sur son bureau et elle se voit sans arrêt chargée de nouvelles missions qui ne sont pas forcément celles qui l'intéressent.

De plus, quand elle a terminé, Ségolène récupère très rarement, pour ne pas dire jamais, les bénéfices de son investissement.

Jamais son nom ne figure au bas des projets ou des rapports qu'elle rédige.

Très rarement, elle est conviée à défendre ou à présenter ses conclusions aux différentes conférences auxquelles, par contre, sa responsable va systématiquement.

Ségolène ne sait dire « non » ni aux surcharges de travail, ni aux délais très serrés, ni à certaines missions dont un stagiaire supplémentaire pourrait en réalité parfois fort bien se charger. Elle n'arrive pas à s'imposer et à se valoriser davantage en participant, par exemple, à certaines réunions ou certains séminaires qu'elle a pourtant préparés.

Sa responsable est une femme de talent mais de pouvoir, arriviste, autoritaire et souvent de mauvaise foi. Elle-même, dans sa course aux responsabilités, est surchargée et oublie souvent de prendre le recul qui s'imposerait.

Ainsi, bien que déterminée, Ségolène perd chaque fois ses moyens.

Élevée par des parents excessivement autoritaires et rigides avec une mère tombée malade quand elle était encore très jeune, Ségolène a pris l'habitude à la fois d'obéir et de se sacrifier.

Les désirs ou les besoins des autres sont pour elle des ordres.

C'est en faisant le lien entre la personnalité de son père et celle de sa responsable, en réfléchissant à sa relation avec ses parents, que Ségolène a pu commencer à résister : exiger un stagiaire supplémentaire, refuser certaines tâches, se consacrer d'abord à ce qui lui paraissait essentiel, insister pour participer à certaines missions plus gratifiantes où elle apporterait toute sa valeur ajoutée.

Ségolène a ainsi réussi petit à petit à dire « non » et à imposer ses désirs.

Finalement, cela n'a en rien détérioré ses relations avec sa responsable qui, au contraire, la respecte davantage et favorise même sa promotion.

Grâce aux résistances de Ségolène, elles sont même parvenues à avoir une relation plus cordiale et plus humaine.

L'image d'un parent tout-puissant

L'enfant, dont un parent a eu une très forte personnalité, a réalisé un “ exploit ” (se faire à la force du poignet, connaître une réussite fulgurante, avoir vécu une histoire d'amour extraordinaire...), a traversé, vécu des épreuves particulièrement dures (solitude, accident, émigration, deuil, etc.), d'autant plus dures à ses yeux, imaginera facilement que ce parent a un pouvoir colossal, qu'il est tout-puissant.

Ainsi, il aura tendance à l'idéaliser, ce qui amplifiera l'impression de force, donc d'autorité.

L'enfant attribuera également un pouvoir immense au parent particulièrement doué ou talentueux, qui excelle dans un domaine et qui toujours, servira de référence, d'“ étalon ”.

Ainsi, plus on aura attribué aux parents du pouvoir (positif ou négatif d'ailleurs : celui, par exemple, de détruire, de donner la mort, si l'on connaît petit une très grave maladie...), plus on les aura mis dans une position de toute-puissance, et plus il sera difficile ensuite, de déjouer l'autorité.

Dans ce cas, les parents font autorité.

Devenir adulte

François, responsable marketing, a 37 ans.

Il sait bien qu'il ne dit pas « non » parce qu'il veut éviter tout conflit en cas de désaccord et ce, particulièrement avec les supérieurs hiérarchiques ou toute personne représentant une autorité.

En fait, il craint tellement de ne pas être approuvé ou compris par sa hiérarchie, qu'il a toujours tendance à rechercher le consensus, à ne jamais dire « non », voire à ne pas donner son avis, surtout si ce dernier risque de ne pas être totalement en accord avec celui du patron.

François a eu un père très brillant qui a créé son entreprise et qui a réussi tout ce qu'il entreprenait.

Ainsi, dès que François a un supérieur face à lui, *a fortiori* s'il est compétent, il a tendance à penser que l'autre en sait plus, qu'il a forcément raison et qu'il risque, lui, de perdre sa crédibilité s'il n'est pas totalement d'accord.

En fait, François a toujours face à lui l'image, la figure de son père.

Ainsi laisse-t-il toujours à l'autre trop de place, lui accorde-t-il trop de pouvoir, comme l'enfant à l'adulte. Du coup, François perd toute défense, toute agressivité et se soumet. Quoi qu'il arrive, il n'a plus aucune marge de manœuvre.

François doit revenir à la réalité et penser aux " armes " qu'il a aujourd'hui pour dire « non » ou pour donner son avis.

Même si son père était brillant, François a ses propres qualités, ses propres atouts : il est différent. Son histoire est particulière, distincte de celle de son père.

De plus, son supérieur peut très bien accueillir la suggestion qu'il fait, l'alternative qu'il propose. Et dans le cas contraire, François peut argumenter, expliquer, chercher à dialoguer, surtout à son niveau de responsabilité... Deux avis peuvent également coexister. Et si le « non » ou l'avis de François déclenche un *conflit*, c'est-à-dire, en d'autres termes, un désaccord déclaré, il peut alors servir à résoudre une crise ou bien y mettre un terme définitif.

François ne pourra pas indéfiniment se soumettre à une autorité qu'il juge supérieure à lui, au risque de ne jamais exister complètement.

Une éducation essentiellement fondée sur le devoir, l'obéissance, le respect d'une loi

J'ai fait allusion au poids, dans notre culture, de l'autorité.

Si, dans notre famille, notre éducation, l'autorité, les autorités religieuses, politiques, morales, militaires, administratives, scolaires, etc., ont été particulièrement fortes, mises en avant, et si les parents eux-mêmes s'y sont soumis, le rapport à l'autorité sera d'autant plus contraignant.

S'exprimer, revient alors inconsciemment à remettre en cause l'ORDRE établi.

Ainsi, nous voyons comment le parent peut représenter l'autorité absolue, prendre le pouvoir, ou comment on peut le lui attribuer.

Dans ces conditions, nous restons toujours un peu enfant, l'enfant, et l'idée, l'envie de dire « non », apparaîtra toujours comme une véritable rébellion.

Cela revient en effet à transgresser des interdits à la fois familiaux et culturels, et à modifier l'ordre des choses.

Vous comprenez peut-être déjà mieux pourquoi il n'est pas toujours simple de dire « non ».

L'impact de notre enfance et de notre histoire personnelle (I)

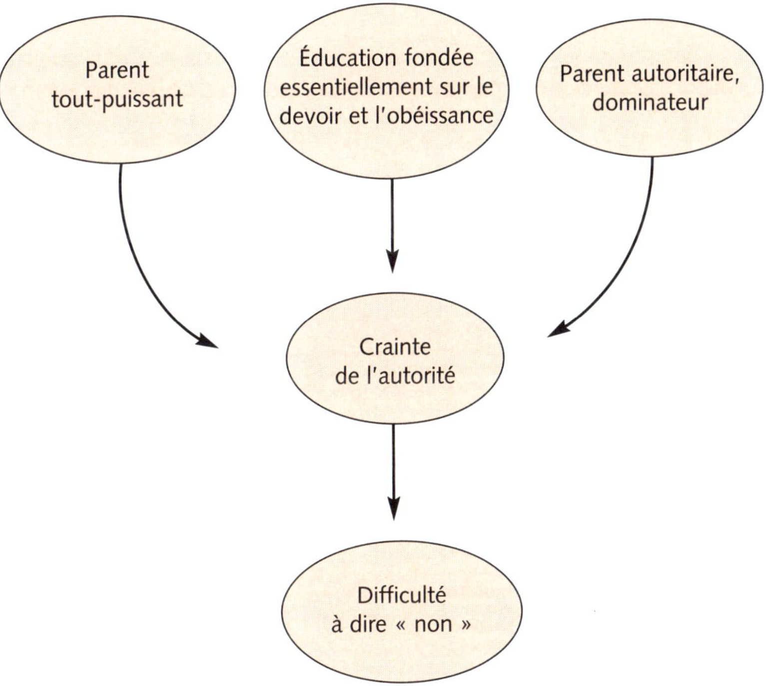

Notre histoire personnelle... et la culpabilité

Un parent très demandeur

Si un parent a eu une forte demande vis-à-vis de nous, nous nous sentons coupable, et souvent longtemps, de ne plus y répondre, de (lui) dire « non ».

Bien sûr, rien, la plupart du temps, n'est demandé clairement.

Si ça l'était, nous aurions davantage d'espace pour donner notre réponse.

Ainsi le parent (ou les parents) peut demander beaucoup :

- parce que malheureux, frustré, trompé, trahi ;
- parce que seul, son conjoint étant absent, parti ou décédé ;
- parce qu'il ne trouve pas vraiment sa place d'homme ou de femme et que l'enfant, du coup, prend pour lui toute la place, à tel point qu'il ne peut plus trouver la sienne (on demande aussi parfois beaucoup à l'enfant unique) ;
- parce qu'il est fragile, dépressif, malade, dépendant. Il aura ainsi terriblement besoin de nous, ce qui renforcera ou génèrera notre culpabilité quand nous aurons besoin, envie de penser à nous, au lieu de penser à lui ;
- parce qu'il est lui-même carencé affectivement, ou fragilisé par sa propre histoire. Il aura souvent tendance à reporter sur son enfant un besoin et une demande d'amour très grand.

  Il fait d'ailleurs parfois, on le sait, de véritables chantages affectifs : « Je tomberai malade si tu t'en vas, si tu te maries, si tu pars loin... »
- parce qu'il a “ raté ” sa vie, totalement ou en partie, qu'il ne fait pas ce qu'il veut.

Ainsi, dans tous ces cas, quand on commence à s'émanciper, on se sent coupable : on a l'impression de trahir son parent, de l'abandonner.

De même, par la suite, on se sent coupable dès qu'on ne répond pas à la demande de l'autre. Difficile alors de dire « non ».

Mais pourquoi nous " exécutons-nous " ?

Bien sûr, on peut se demander pourquoi enfant, nous répondons presque toujours « oui » à la demande de nos parents.

En premier lieu, nous sommes dépendant d'eux, et nous n'avons ni les moyens matériels, ni les moyens affectifs de faire autrement.

En effet, nous avons besoin à la fois de sécurité matérielle et de leur amour. La marge de manœuvre est donc réduite.

D'autre part, le parent est tout pour nous. Il est la personne que nous aimons le plus au monde. Nous cherchons donc à lui faire plaisir.

Enfin, nous savons, nous sentons son besoin, son manque, et même si nous sommes l'enfant, nous voulons l'aider, le protéger.

Ainsi " malheureusement ", d'une certaine façon, volons-nous au secours de nos parents, en nourrissant aussi le désir de les combler !

Dire « non » à une sœur qui joue les victimes

Fanny a du mal à dire « non » d'une manière générale : au bureau, à ses collègues, chez elle, à son compagnon. Elle a du mal à poser ses limites. Elle pense rarement à le faire, subit et quand elle y parvient, elle culpabilise des journées entières.

Toutefois, c'est surtout à sa sœur qu'elle a du mal à résister.

En effet, depuis toute petite et encore aujourd'hui, à 36 ans, Fanny s'efface toujours devant les exigences de sa sœur qui ne se prive pas pour lui emprunter de l'argent, lui demander sans arrêt des services et qui ne l'appelle que pour ça.

Elle va même jusqu'à s'empêcher de réussir dans certains domaines pour ne pas la contrarier. Comme sa sœur a des soucis, notamment financiers et affectifs, Fanny se sent d'autant plus obligée.

Née beaucoup plus tard que cette sœur aînée, à un moment où ses parents se sentaient financièrement plus à l'aise, Fanny a bénéficié d'une éducation plus souple, d'autant qu'elle était beaucoup plus douée pour les études.

Ainsi s'est-elle sentie coupable d'être mieux " lotie " que sa sœur qui, de son côté et probablement pour ces mêmes raisons, a beaucoup jalousé Fanny en la culpabilisant sans arrêt.

De fait, si Fanny ne réussit pas à dire « non », c'est qu'elle se sent toujours coupable vis-à-vis de cette sœur, qui depuis toujours joue la " victime ".

Elle s'en sent responsable à tel point qu'elle ne peut pas vivre pleinement sa vie à elle, comme si elle devait faire ses choix en fonction de sa sœur : ne pas partir en province, ne pas changer de travail, pour le cas où sa sœur serait dans le besoin.

Il faut dire que la mère de Fanny était assez dépressive et que Fanny, bien que plus jeune, a presque toujours joué le rôle de «mère» auprès de sa sœur qui elle, sûrement en carence affective, a choisi une fois pour toutes de jouer le rôle de la " victime " et de la " fragile ".

Fanny, en prenant conscience du poids de ce passé, a d'abord commencé à mieux résister à certains de ses collègues, à son ami. Un peu plus tard, elle a enfin réussi à se libérer de cette culpabilité et de ce rôle de " responsable ", à refuser un service à sa sœur, en acceptant l'idée que peut-être elles se fâcheraient.

Sa sœur, il est vrai, est restée muette quelque temps, puis a repris contact sur des bases un peu différentes. Il ne restait plus à Fanny qu'à tenir bon, à ne pas flancher, ce qu'à sa grande surprise, elle a réussi à faire. C'est souvent le premier pas qui compte !

3. L'impact de l'enfance

Un événement familial douloureux

La grave maladie, le handicap important, l'accident, le décès, qui survient pour l'un de nos très proches (père, mère, frère, sœur), alors que l'on est encore très jeune, c'est-à-dire pas encore construit, générera une culpabilité et une difficulté à s'autoriser à vivre.

Comment vivre quand les autres ne vivent plus ou mal ?

C'est difficile, *a fortiori* si l'on est responsable en partie ou en totalité de cet événement, ou si on pense l'être.

Inconsciemment, s'affirmer, exister, revient alors à oublier la personne, à ne pas la soutenir, à l'abandonner, etc.

Passer avant, en premier, c'est la blesser une seconde fois.

Parallèlement, nous pouvons développer une culpabilité vis-à-vis des autres membres de la famille que cet événement rend particulièrement malheureux, dans la mesure où nous en concluons qu'ils ont besoin de nous et/ou qu'il y a un vide à combler.

Une faillite familiale, un gros échec, peut aussi développer notre culpabilité, et renforcer notre difficulté à nous écouter, à nous laisser vivre parfois, en disant « non ».

Une éducation fondée sur la culpabilité

Au delà de la culture ambiante, nous aurons d'autant plus tendance à nous sentir coupable si notre éducation a été fondée en partie sur la culpabilité.

Forte tradition religieuse, empreinte d'interdits, parent utilisant beaucoup la culpabilisation pour nous faire obéir et obtenir ce qu'il souhaite, etc.

Avoir des parents qui ont eux-mêmes toujours tendance à culpabiliser, à se justifier, à excuser leurs plaisirs ou à les payer, alimente notre propre sentiment de culpabilité et notre doute sur la légitimité à nous faire plaisir et à dire « non ».

Vous comprenez peut-être mieux, à présent, pourquoi on peut avoir pris l'habitude de laisser toute la place à l'autre, la première place au désir de l'autre, en n'osant plus dire « non ».

Ces différents facteurs font que nous nous sentons coupable de nous faire plaisir, de penser à nous, et tout simplement de dire à la personne que l'on aime, ou à notre supérieur hiérarchique que l'on ne partage pas son avis, son envie, en d'autres termes, de lui dire « non » !

L'impact de notre enfance et de notre histoire personnelle (II)

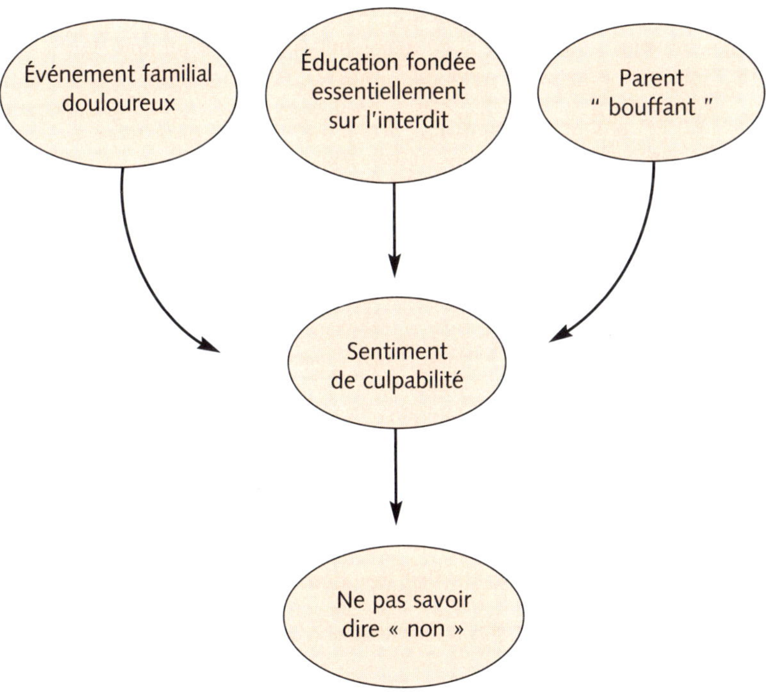

Notre histoire personnelle… et la crainte de ne plus être aimé

Même si dans l'ensemble et heureusement, nous nous sentons et nous nous sommes senti plutôt aimé, plusieurs raisons ont pu nous faire douter d'un amour inconditionnel pour nous.

Or, c'est cet amour qui importe.

Un manque d'amour

L'impression de n'avoir pas été désiré(e), un amour non exprimé, mal exprimé, peu de manifestation de tendresse…

Une éducation stricte, rigide ou fondée essentiellement sur le " devoir ", l'amour conditionnel, « on t'aimera si… ».

Une préférence pour un autre enfant, un éloignement durable de sa famille, etc., nous feront douter, même si nous en avons d'autres marques par ailleurs, de l'amour inconditionnel pour nous, renforçant notre crainte d'exister.

Un manque de valorisation et de reconnaissance

L'impression de n'avoir pas convenu, pas correspondu aux attentes et désirs des parents…

Ne pas, enfant, s'être complètement senti valorisé, reconnu, accepté avec ses qualités, ses goûts, ses ressemblances, ses différences, son sexe, ses choix, ses talents, ses penchants, nous fera douter de l'amour inconditionnel pour nous, renforçant notre crainte de nous affirmer.

Or, même si l'on a été valorisé, reconnu, il est rare d'avoir été entièrement accepté tel que nous étions.

Et toujours, trop d'autorité et/ou de demande !

Si les parents étaient autoritaires, possessifs, c'est moins l'amour que l'on a senti, que le devoir d'obéissance.

De même, si nous avons trop répondu aux besoins, aux désirs, à la demande de l'un des parents, ou des deux, nous aurons toujours l'impression de ne pouvoir être aimé que pour notre réponse à la demande, notre exécution de la demande. Difficile, en effet, dans la mesure où l'on ne s'est pas senti aimé pour soi, mais à condition de ne pas déplaire, et de prendre ensuite le risque, en étant soi-même et en disant « non », de perdre encore un peu plus d'amour.

Tout donner pour être aimé(e)

Anne, il y a deux ans, a vu une nouvelle collègue arriver. Jeune, dynamique, assez ambitieuse, elle est amicale envers elle, joue la confiance, la transparence dans ses relations.

Anne, beaucoup plus expérimentée, met sa nouvelle collègue au courant, lui donne toutes les clés, les ficelles du métier, son carnet d'adresses, son réseau.

Elles deviennent amies mais la collègue prend de plus en plus de responsabilités, ne diffuse plus toutes ses informations, utilise Anne chaque fois qu'elle le peut. Anne en est consciente mais ne se défend pas.

Quand la collègue se trouve enceinte, Anne, pendant plusieurs mois, assure son travail et celui de sa collègue.

Une fois rentrée de congé de maternité, la collègue d'Anne – qui maîtrise à présent parfaitement bien le poste, qui s'est fait reconnaître, qui a trouvé ses marques – continue ses rétentions d'information et évince de plus en plus Anne de certains projets. Anne ne sait pas résister. De fil en aiguille, elle fait une dépression.

Anne est pourtant mariée, mère de deux enfants, mais ayant souffert dans l'enfance d'une grosse carence affective de la part de ses parents, elle cherche toujours à combler ce manque.

Aînée d'une famille nombreuse, fille de parents assez froids, très occupés, assez calculateurs, peu aimants... Il n'en faut pas plus pour qu'Anne, d'un tempérament très sensible, en conclue qu'elle n'est guère aimable et qu'elle a intérêt, pour qu'on l'aime un peu, à se dévouer, à donner, sans limite, toujours plus.

Dépression salutaire : Anne, au delà de sa générosité et d'une certaine conception des relations de travail, a compris qu'inconsciemment, elle avait tout donné *à sa collègue pour que malgré tout, l'autre* l'aime.

Faire ce lien lui a permis de sortir rapidement de la dépression, puis, plus lentement, de prendre le recul nécessaire pour sortir du pouvoir *de l'autre et (re)commencer à poser ses limites.*

L'impact de notre enfance
et de notre histoire personnelle (III)

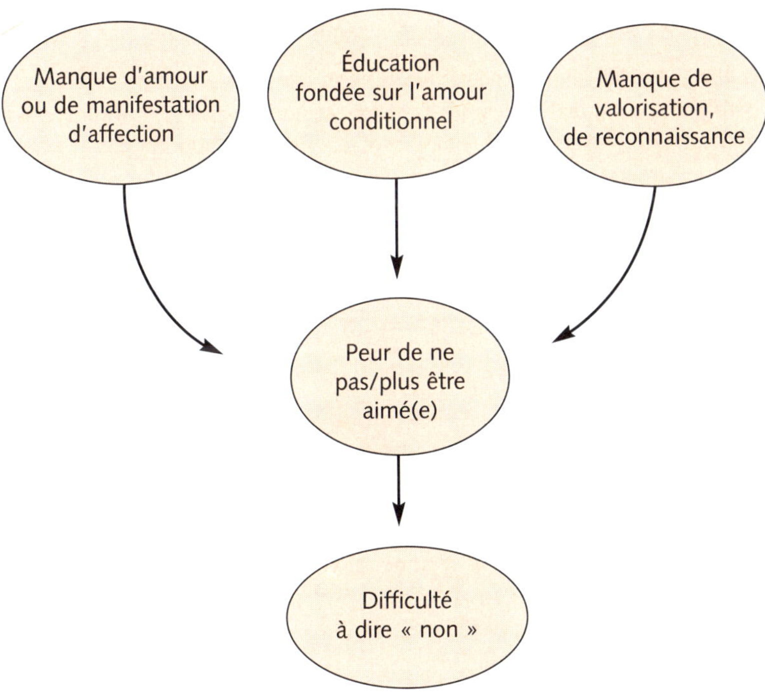

Les demandes cachées

Parallèlement aux trois peurs majeures, mais leur étant souvent liées, on nous a adressé et on nous adresse encore aujourd'hui des demandes " cachées " auxquelles il est particulièrement difficile de dire « non ».

L'*autre* en effet, plus souvent qu'on ne le pense, a eu à notre égard des demandes et en réalité des *désirs* : « fais ce que je veux », « soumets-toi à ma volonté », « sers-moi », « aide-moi », « ne m'abandonne pas », « mon plaisir, mon besoin compte plus que le tien », « admire-moi », etc.

Plus encore que les demandes exprimées, ce sont ces demandes *cachées* qui nous donnent l'impression de ne pas nous exprimer, d'être écrasé, piégé dans la mesure où nous avons encore moins, même si nous ne l'avions pas utilisée, la possibilité de dire « non ».

En effet, elles sont la plupart du temps très fortes.

Très fortes dans la mesure où elles correspondent, pour celui qui les exprime, à un besoin presque vital et très puissantes aussi, dans la mesure où celui qui les reçoit ne les décode pas forcément tout de suite et où ce type de demandes est toujours chargé affectivement.

Il est encore plus difficile de se soustraire à ce type de demandes si elles nous ont été adressées dans l'enfance, à une époque où il était matériellement et affectivement difficile de réagir.

Enfin, ces demandes cachées peuvent, de plus, venir renforcer certains interdits ou certaines menaces déjà distillés dans l'éducation.

« Ne me contrarie pas, tu n'as pas le droit. »

« Fais ce que je veux, sinon je ne t'aimerai plus. »

« Fais-moi plaisir, d'ailleurs ton plaisir est coupable. »

Ces désirs peuvent s'exprimer à travers une foule de demandes explicites et concrètes, voire à travers la même, répétitive, récurrente.

En effet, les personnes qui – la plupart du temps sans en avoir conscience – ont ainsi un désir à notre égard, formulent souvent de multiples demandes dont précisément nous ne comprenons pas toujours – ni elles d'ailleurs, si elles sont honnêtes – l'intérêt, la pertinence, la nécessité, le cumul...

Quand il y a trop de demandes, on peut être certain qu'il existe derrière elles, une autre demande, un autre désir.

Ces demandes qui nous ont été fréquemment adressées, sont souvent celles qui nous piègent le plus, d'autant que les plus fortes ne sont pas toujours les plus repérables et qu'elles se cachent souvent derrière beaucoup d'attention, de gentillesse. Nous y sommes très sensible, *a fortiori* si elles correspondent aux demandes que l'on nous a fait enfant.

Les demandes cachées…

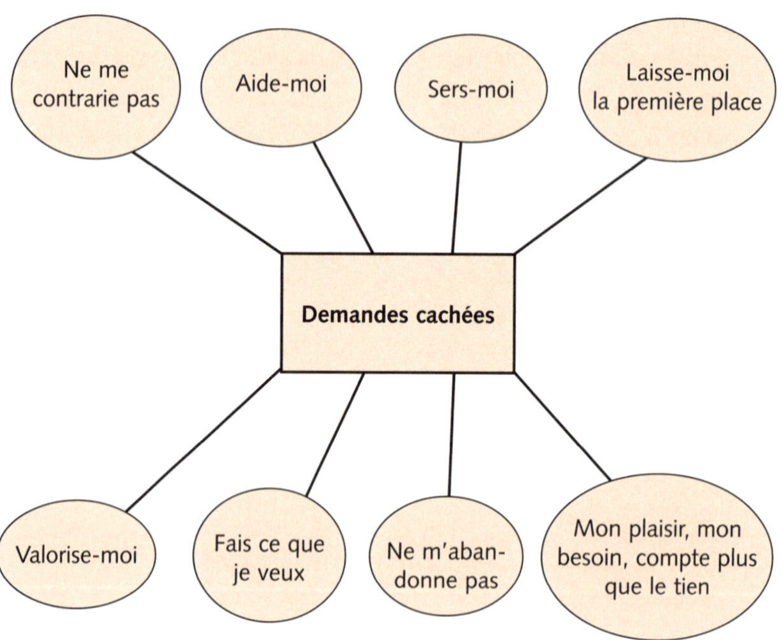

etc.

Les rôles à jouer

On nous demande aussi, et surtout on nous a demandé, de jouer des rôles.

Je ne parle pas ici des rôles sociaux, des fonctions à remplir, mais du rôle de l'" actif ", du " passif ", du " serviable ", du " gentil ", du " méchant ", du " solide ", du " faible ", du " conciliateur "...

On nous l'a demandé, ou nous-même avons senti la nécessité de le prendre.

Plus cette demande a eu lieu tôt dans notre vie, plus nous jouons le rôle longtemps, même si d'ailleurs on ne nous le demande plus.

Ce rôle, s'il s'agit du " gentil ", du " conciliateur ", par exemple, peut particulièrement renforcer notre difficulté à dire « non ».

Ainsi, nous avons parfois du mal à dire « non » à cette demande de jouer un rôle qui a arrangé, ou qui arrange encore notre entourage.

Corvéable à merci

Monique ne sait dire « non » ni à ses collègues, ni à son patron, ni à ses filles, ni à son mari. Corvéable à merci comme elle l'était chez elle enfant, c'est le rôle qu'elle a toujours joué. Rendre service. Elle ne connaît que ça. Et elle va même au-devant.

Du coup, surcharge de travail en permanence, petits et gros travaux, même à la maison et un certain manque de respect notamment de la part de ses filles.

Monique ne s'octroie aucun moment pour elle-même. Cela finit par jouer même sur son physique, son allure. Elle ne s'entretient pas, ne se valorise pas.

Elle se met seulement " au service de ".

D'une famille assez humble de petits commerçants, fille d'une mère alcoolique qui avait une préférence flagrante pour son frère, Monique a pris très tôt l'habitude d'aider son père au magasin et à la maison, souvent tard le soir, aux dépends de ses études et de sorties légitimes à l'adolescence.

Parallèlement, elle essayait de faire le maximum pour aider sa mère à réagir et peut-être aussi attirer quelque peu son attention.

Toute son enfance a été dure. Peu de joie, peu de plaisir, peu de loisirs, peu de remerciements.

Monique, en relisant toute son histoire, a découvert qu'elle avait le droit d'exister, sans se sacrifier, sans toujours tout donner. Qu'elle avait le droit de penser à elle, de se donner aussi à elle-même. Petit à petit, elle a réussi à poser ses limites tant au bureau que chez elle. Ses filles, habituées à être totalement servies, ont un peu résisté, mais surtout son mari en a été très heureux.

Écouter ses besoins

Responsable de projet dans une société de parfum, Isabelle est une excellente professionnelle, très reconnue.

Mais Isabelle n'en peut plus.

Outre son niveau de responsabilité, elle a pris l'habitude de tout prendre en charge au bureau. Très perfectionniste, elle ne sait résister aux demandes croissantes de travail supplémentaire. De plus, elle a tendance, même sans qu'on lui demande, à aider tout le monde, ses homologues comme ses subordonnés.

Très " sauveuse ", elle assume même une partie des décisions et du management de son patron qui lui fait une entière confiance quand il ne lui demande pas de gérer ses angoisses et ses états d'âme.

Naturellement, les autres comptent de plus en plus sur elle.

Chez elle, son compagnon a également tendance à lui demander d'assumer décisions et responsabilités.

Enfin, elle a beaucoup d'amis célibataires, avec des soucis professionnels, et elle passe souvent une partie de ses week-ends à les rencontrer et à essayer de les aider, de les conseiller.

En fait, Isabelle, enfant et adolescente, a subi la mésentente de ses parents, leurs conflits et a très souvent dû jouer le rôle de la conciliatrice, de la facilitatrice, de la confidente, de la personne " forte ", et de l'adulte responsable en toute circonstance.

Ainsi, elle a pris – pour sa tranquillité et celle de sa famille – l'habitude de tout arranger, de ne jamais poser de problème, de ne jamais déclencher de dispute ou de conflit supplémentaire.

Aujourd'hui encore, quel que soit l'interlocuteur, elle a tendance à s'oublier elle-même, à oublier ses objectifs, ses priorités, ses besoins et toute sa vie en pâtit.

Elle prend toujours trop sur elle pour le bien-être de tous et la bonne marche de l'ensemble.

Pour réussir à dire « non », Isabelle, outre des éclairages sur l'influence de son passé, a essentiellement intérêt à retrouver ses propres exigences, ses propres désirs, à se remettre à l'écoute de ses propres besoins, ce qu'enfant, trop à l'*écoute* des autres, elle n'a jamais vraiment pu faire.

Chapitre 4

Encore quelques raisons pour avoir peur de s’affirmer, d’exister

Au delà de la peur de s'affirmer, d'être, il existe d'autres raisons qui peuvent nous empêcher de dire « non ».

Le manque de confiance en soi

Si nous ne nous faisons pas confiance, si nous n'avons pas confiance en nous, en notre jugement et si nous pensons toujours que l'autre a probablement de meilleures raisons, un point de vue mieux argumenté, etc., nous aurons du mal à dire « non ».

La peur de grandir

La peur de grandir, de s'émanciper, de s'autonomiser, de perdre des repères, des protections, peut, elle aussi, nous empêcher de dire « non ».

En effet, dire « non », implique, dans tous les cas, une autonomie ou un pas vers l'autonomie, qu'elle soit matérielle, psychologique ou émotionnelle.

La peur du conflit

On peut ne pas savoir, ne pas aimer dire « non », par peur du conflit, de l'affrontement.

Le besoin " fou " de séduction

Enfin, le besoin irrépressible de séduction, d'amener l'autre sur son terrain, de plaire à tout le monde, freine inévitablement notre capacité à dire « non ».

Toutefois, si l'on y réfléchit, ces différents freins sont liés de près ou de loin à la culpabilité, à la crainte de l'autorité et à la peur de ne pas être aimé !

Indirectement, les mêmes peurs...

En effet, le manque de confiance en soi est toujours l'expression de la peur de ne pas être accepté comme on est, donc indirectement de déplaire.

Le désir de séduction est l'expression poussée à l'extrême de la crainte de ne pas être aimé.

D'où ce besoin de plaire et même, comme le veut la séduction, par voie détournée !

4. Encore quelques raisons pour avoir peur

La peur de grandir, elle, peut être liée à la culpabilité d'exister, et/ou au poids d'une trop forte autorité passée, à laquelle d'un côté, nous n'osons pas nous opposer, et qui, de l'autre, nous “ rassure ”, nous “ protège ”, et dont nous préférons inconsciemment continuer à dépendre.

La peur de grandir peut également être liée à celle de ne plus être aimé si précisément on devient ce que l'on est, qui l'on est.

Enfin, la peur du conflit provient souvent d'une forte crainte de l'autorité et de sa puissance.

D'ailleurs, la plupart du temps, on redoute le conflit parce que l'on ne réussit pas à l'envisager comme un espace de dialogue, comme la recherche d'une solution.

On ne peut le voir que comme la victoire écrasante et définitive de l'un sur l'autre, de l'un ou de l'autre.

En effet, si l'on a souffert de trop d'autorité, on ne réussit pas à prendre en compte les moyens objectifs que l'on a pour négocier, défendre son point de vue, d'autant que parfois l'on se donne à peine le droit d'avoir un point de vue.

Enfin, on peut craindre le conflit par manque de confiance, peur de grandir, besoin de séduire.

Voyez comme tout est lié !

Vous gagnerez toujours à vous demander honnêtement, et dans la mesure du possible, quelle est la “ vraie ” raison.

Certes, il n'est pas toujours évident de l'identifier seul, mais dans tous les cas, cherchez. Cela vous mettra toujours sur une voie.

Chapitre 5

C'est le moment de faire des liens

Vous vous êtes peut-être demandé pourquoi nous avions plus de mal à dire « non » à tel type de demande, à telle personne en particulier, à telle catégorie de personnes ou dans telle situation, et pourquoi certaines personnes avaient plus de facilités que d'autres à dire « non ».

C'est le moment de faire des liens.

À l'origine, des difficultés spécifiques

Crainte de l'autorité et ne pas savoir dire « non » à...

Si derrière notre faiblesse se cache la crainte de l'autorité, c'est évidemment surtout aux personnes qui symbolisent l'autorité, le pouvoir, qu'il nous sera difficile de dire « non » : patrons, supérieurs hiérarchiques, hommes de loi...

D'autre part, même si cela ne devrait pas jouer dans le domaine affectif, nous pourrons craindre également de dire « non » à notre conjoint, de s'affirmer face à lui.

Quand nous nous construisons dans la peur de l'autorité, en effet, l'autre, n'importe quel autre, parfois même notre propre enfant, représente toujours une autorité et une volonté à laquelle nous pensons qu'il faut nous soumettre.

Vous imaginez probablement facilement que même quand nous réussissons plus ou moins à nous affirmer par ailleurs, nous avons *a priori* du mal à dire « non » à nos parents !

Si vous craignez ou si vous avez craint l'autorité, il vous sera également difficile de vous affirmer lors de démarches, de négociations, notamment professionnelles, puisque l'autre aura tendance à vous apparaître comme la personne (le père) à ne pas contrarier, la volonté à qui il faut vous rallier.

Nous serons enfin sensible à toutes les demandes, mais particulièrement à celles qui aboutissent pour nous à plus de " travail " et à une perte d'avantages.

Un dernier lien...

Quand nous craignons l'autorité, c'est surtout à la notion de " devoir " que nous " marchons ", dans la mesure où nous avons appris que faire ce que l'Autorité nous demandait de faire, n'était ni plus ni moins que notre devoir !

5. C'est le moment de faire des liens

À la notion de devoir est liée celle d' " interdit " : il est en effet par définition interdit de remettre en cause une autorité !

Vous comprenez à présent sûrement pourquoi, même quand nous réussissons à dire « non », nous craignons toujours dans un premier temps, la colère et les représailles.

Faites des liens (I)

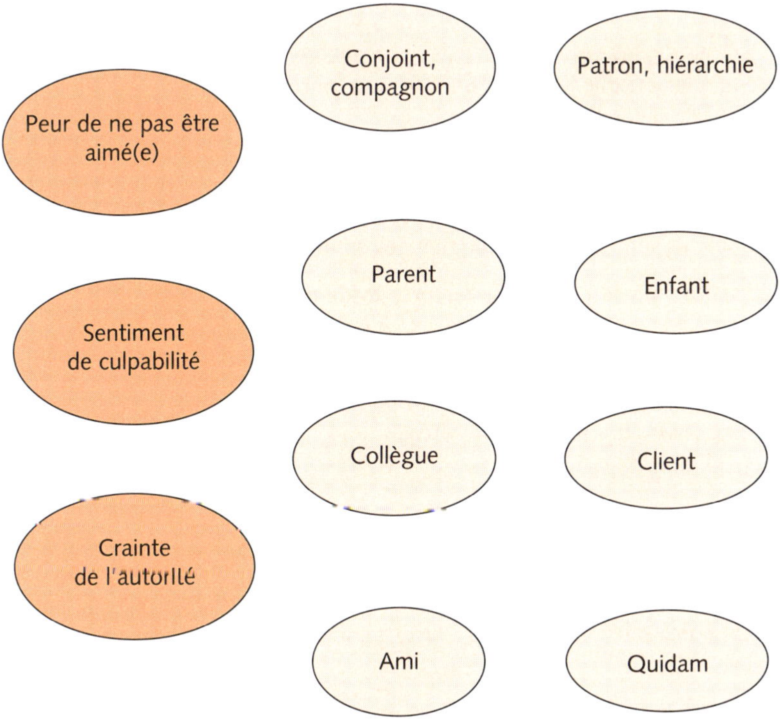

Peur de ne pas être aimé(e)

Sentiment de culpabilité

Crainte de l'autorité

Conjoint, compagnon

Patron, hiérarchie

Parent

Enfant

Collègue

Client

Ami

Quidam

Culpabilité et ne pas savoir dire « non » à...

Si derrière notre faiblesse, se cache la culpabilité, c'est presque à tout le monde, sans distinction, que nous aurons du mal à dire « non » : conjoint, supérieur hiérarchique, enfant, parent, ami... et presque à toutes leurs demandes.

Toutefois, plus on aime quelqu'un et plus on risque de se sentir coupable de lui résister.

Ainsi, notre culpabilité trouve très bien à s'exprimer vis-à-vis de notre conjoint, même si nous savons qu'en réagissant différemment, les deux personnes y trouveraient sans doute un plus grand épanouissement.

Vis-à-vis de nos enfants aussi. Ils ont réellement besoin de nous, avec des demandes auxquelles il est, pour le coup, entièrement de notre devoir de parent de répondre.

La culpabilité là, va presque de soi !

Elle s'exprime surtout très bien avec nos parents puisque, même sans le vouloir, ils sont souvent à l'origine du problème.

Le sentiment de culpabilité renforce évidemment notre difficulté à dire « non » aux situations qui ne nous conviennent pas, surtout si nos intérêts, nos envies, notre place, notre plaisir sont en jeu.

Enfin, nous serons sensible à toutes les demandes, mais nous aurons particulièrement du mal à résister à celles qui ne vont dans le sens ni de notre plaisir, ni de notre désir.

Un dernier lien...

Avec la culpabilité, c'est à la “ peur ” que nous “ marchons ”, que nous réagissons. Peur de faire mal à l'autre, peur de prendre pour une fois la première place...

Au “ devoir ” aussi, devoir d'aider l'autre, de le soutenir, etc.

Vous comprenez à présent pourquoi, dans ce cas-là, même quand nous réussissons à dire « non », nous nous sentons terriblement coupable avant, et encore souvent longtemps après !

Peur de ne plus être aimé et ne pas savoir dire « non » à...

Si derrière notre faiblesse se cache la peur de ne plus être aimé, c'est, là encore, presque à toutes les personnes et à toutes les demandes qu'il vous sera difficile de dire « non ».

En effet, dans la mesure où nous ne voulons/pouvons pas prendre le risque de déplaire, tout devient très compliqué et le pas est particulièrement difficile à franchir.

En réalité, nous sommes nous-même dépendant et terriblement demandeur !

Même à notre pire ennemi, nous avons du mal à dire « non » !

Ce frein est toujours très profond.

En effet, nous pouvons vivre sous l'autorité en nous ménageant des plages d'expression ; nous pouvons vivre, même mal, avec la culpabilité, mais nous ne pouvons vivre sans amour.

C'est donc, avec des conséquences parfois douloureuses, aux personnes que nous aimons le plus et/ou dont nous voulons l'amour, que nous aurons le plus de mal à dire « non ».

Cette peur existe aussi vis-à-vis de nos enfants.

Même si nous leur donnons de l'amour, nous leur demandons souvent, surtout si nous en manquons ou si nous en avons manqué, leur amour.

Lors d'un divorce, outre le sentiment de culpabilité, c'est souvent pour continuer à être aimé " quand même " par l'enfant, qu'on lui cède tant, qu'on ne sait plus lui dire « non ».

La peur de ne plus être aimé marche aussi beaucoup, même si ce n'est pas le lieu, dans les relations professionnelles.

Combien de fois acceptons-nous des situations, simplement parce que nous voulons être reconnu, apprécié et en fin de compte, avouons-le, aimé ?

Pour être aimé, c'est à toutes les demandes que nous aurons du mal à dire « non », à résister. Nous allons même bien souvent au devant !

Un dernier lien...

Là, bien sûr et sans médiation, c'est la " peur de ne pas être aimé " et de déplaire, qui nous fait " marcher ".

Vous comprenez sûrement pourquoi nous hésitons si longtemps et pourquoi, une fois décidé, nous nous angoissons horriblement à la veille de faire le pas !

Faites des liens (II)

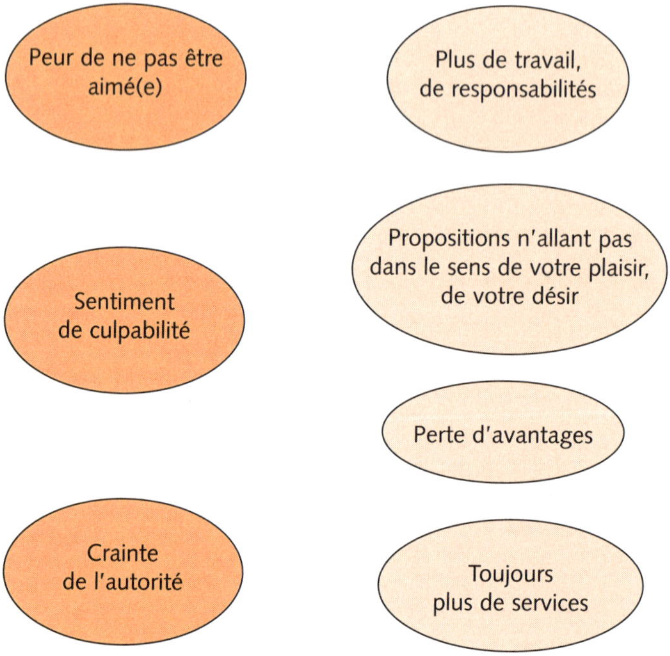

Peur de ne pas être aimé(e)

Plus de travail, de responsabilités

Propositions n'allant pas dans le sens de votre plaisir, de votre désir

Sentiment de culpabilité

Perte d'avantages

Crainte de l'autorité

Toujours plus de services

5. C'est le moment de faire des liens

Les liens entre le passé et le présent

Il est évident que nous aurons d'autant plus de mal à résister à des personnes ou à des demandes (notamment cachées), si elles ressemblent à celles connues dans l'enfance : nous risquons d'être démuni, l'origine de notre difficulté venant précisément de là !

La difficulté est donc double. Toutefois, réussir à dire « non » dans ce type de contexte est salvateur car, d'une certaine façon, l'on règle en même temps le problème et sa cause.

En effet, réussir à dépasser un blocage, une inhibition, dans le temps présent, permet, du même coup, de régler totalement ou en partie le blocage de départ avec la personne qui en est la cause.

Ce sont des passages à l'acte toujours fondateurs pour soi.

Faites des liens (III)

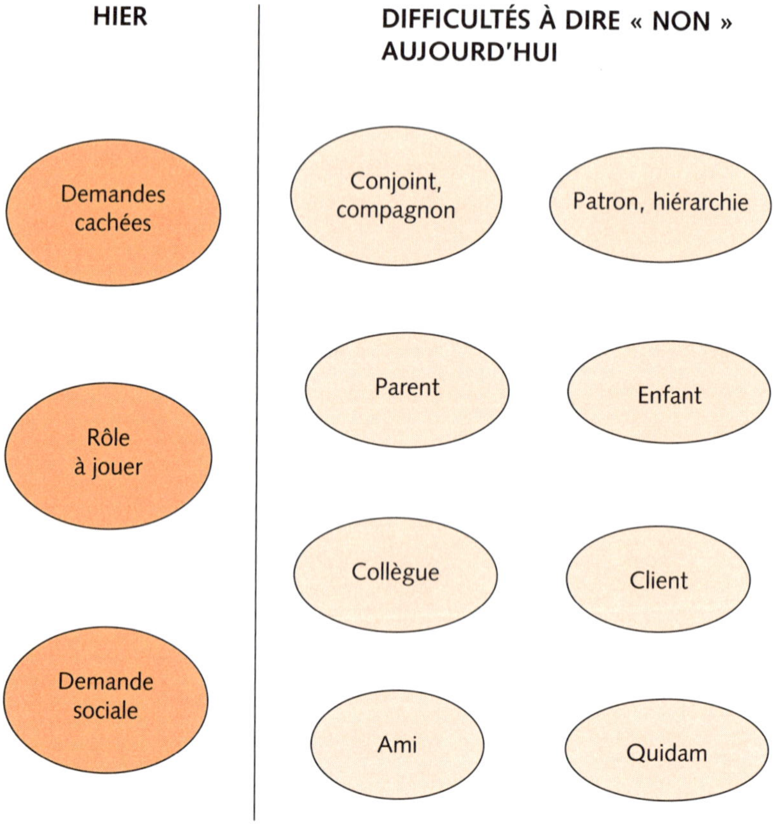

HIER	DIFFICULTÉS À DIRE « NON » AUJOURD'HUI	
Demandes cachées	Conjoint, compagnon	Patron, hiérarchie
Rôle à jouer	Parent	Enfant
Demande sociale	Collègue	Client
	Ami	Quidam

Et pour conclure...

HIER	DIFFICULTÉS À DIRE « NON » AUJOURD'HUI
Demandes cachées	Propositions n'allant pas dans le sens de votre plaisir, de votre désir
Rôle à jouer	Plus de travail, de responsabilités
Demande sociale	Toujours plus de services
	Perte d'avantages

De la difficulté à résister à la “ norme ”

Enfin, plus des événements dans l’enfance nous auront fait craindre l’autorité, ressentir une culpabilité, redouter de ne plus être aimé, et plus il sera difficile de résister à la demande sociale, à prendre ses marques, à trouver son identité.

Deuxième partie

Quoi faire pour mieux savoir et oser dire « non » ?

Chapitre 6

Quelques préalables incontournables

Demandez-vous si vous êtes prêt

Tout d'abord, demandez-vous honnêtement, sincèrement, si vous êtes prêt à vous affirmer, à exister davantage.

En effet, pour oser plus facilement dire « non », il est essentiel d'avoir moins peur de vous affirmer, et surtout d'en avoir vraiment envie, d'avoir envie d'exister davantage.

De fait, vous pouvez réussir à dire « non » pour décompresser, mieux vous défendre au cours d'une négociation, parce que vous " en avez assez ", parce que vous savez qu'il n'est pas " normal " de ne pas réussir à dire « non », mais sans au fond être vraiment prêt à vous affirmer davantage, sans en avoir complètement, profondément envie.

Alors, faites le point.

Où en êtes-vous vraiment ?

Si vous n'êtes pas prêt, laissez mûrir ou travaillez cet aspect de la question.

Il est fondamental.

Embrassez toute votre difficulté à dire « non »

Observez toutes les personnes, toutes les demandes auxquelles vous ne dites pas « non », toutes les situations auxquelles vous n'avez pas dit « non ».

Cela vous aidera à réagir, à mûrir votre envie de changer.

On ne décide vraiment de changer que quand la situation n'est plus vivable.

Oser regarder, accepter de voir, c'est déjà avoir moins peur, même pas, en l'occurrence, de dire « non », mais de ne pas savoir dire « non », et paradoxalement, c'est retrouver les moyens que vous avez pour cela.

Oser regarder, c'est déjà s'affirmer !

Ne vous culpabilisez pas

Ne vous culpabilisez pas de ne pas réussir à dire « non ».

En vous culpabilisant, vous n'avancerez pas.

Au contraire, inconsciemment, vous remuerez le couteau dans la plaie.

« Je n'ai que ce que je mérite », « Je suis vraiment un petit garçon, une petite fille », « Je suis tellement nul(le) que j'ai raison de craindre qu'on cesse de m'aimer »…

Sans vous en rendre compte, voilà ce que vous ruminez et ce que vous vous lancez à vous-même comme message. Ainsi, la fois prochaine, vous aurez encore plus de mal à dire « non ».

Pratiquez la politique du petit pas

Allez doucement, ne cherchez pas à franchir des murs insurmontables.

Comme vous vous apercevrez qu'il ne survient aucune catastrophe, que vous gardez l'amour des personnes qui vous aiment, vous irez plus loin la fois d'après.

Choisissez, même si votre orgueil en prend un coup, le « non » le plus facile, le plus accessible. Ce peut être, par exemple, décliner une invitation à déjeuner à une heure qui ne vous convient pas.

Aller doucement, ce n'est pas renoncer à votre objectif : au contraire.

En voulant aller trop vite, droit au but, vous risquez davantage de ne jamais passer à l'acte.

Commencez dès aujourd'hui

Faites le point.

Regardez dès aujourd'hui dans votre vie, à qui, à quoi, vous pouvez dire « non » en vous affirmant davantage.

Dès aujourd'hui.

Ne remettez pas à plus tard. C'est précisément en affrontant votre peur, en la laissant émerger, et non en l'évacuant, que vous pourrez la travailler et un jour, la dépasser.

Récapitulons...

Demandez-vous si vous êtes prêt

Embrassez toute votre difficulté à dire « non »

Ne vous culpabilisez pas

Pratiquez la politique du petit pas

Commencez dès aujourd'hui

Chapitre 7

Encouragez-vous

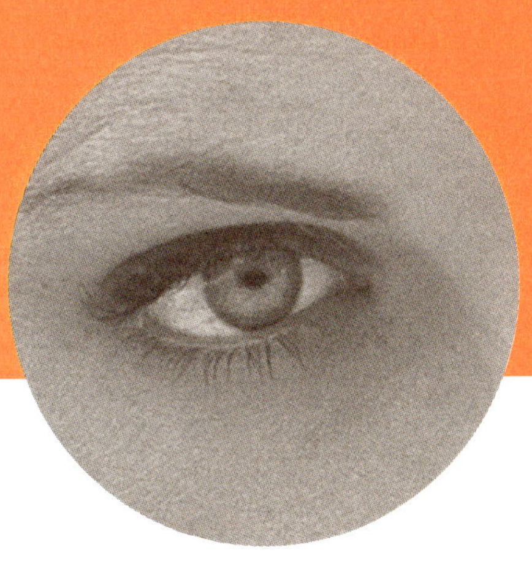

Comme il est difficile voire angoissant d'avoir à dire « non », il est essentiel de s'encourager.

Faites-vous confiance

Pensez-y...

Vous aussi, vous avez déjà dit « non » !

Identifiez bien vos désirs, vos priorités

Pour résister, identifiez vos objectifs, vos envies, vos désirs, tant professionnels que personnels (autrement dit, ce qui est important pour vous) et gardez-les toujours en tête.

Sur le plan professionnel, cernez le périmètre de votre mission, ce pour quoi vous avez été embauché et ce qui fait votre valeur ajoutée.

Cela vous aidera à maintenir votre cap. Il est toujours plus facile de dire « non » quand on sait ce que l'on veut obtenir, protéger, privilégier.

Repérez tous les gains possibles, tous les avantages

Mettez-vous en situation et imaginez tout ce que vous pouvez gagner à dire « non », quitte à prendre un papier et un crayon et à lister les bénéfices : moins de stress, moins de dispersion, davantage de disponibilité, d'efficacité.

Pensez à tout...

Ne pas oser dire « non », c'est sûr, génère toujours pour soi, voire indirectement pour les autres, des conséquences négatives.

Toutefois, lorsque nous ne nous autorisons pas à dire « non », nous en mesurons le plus souvent les effets immédiats, matériels, concrets, sans toujours prendre conscience de tout ce à quoi plus profondément nous renonçons ; nous ne mesurons pas jusqu'où nous nous *abîmons*.

Plus vous visualiserez ce que vous avez à gagner, plus vous persévérerez.

Au delà des diverses conséquences concrètes, ne pas savoir dire « non » a des conséquences négatives principalement sur notre :

- gestion du temps ;
- organisation ;

- motivation, enthousiasme ;
- plaisir ;
- bien-être intérieur.

Ces conséquences s'échelonnent du léger inconfort à des effets très destructeurs !

Conséquences de ne pas s'autoriser à dire « non »

Gestion du temps : de la petite à l'énorme perte de temps.

Organisation : se laisser déborder, se disperser, faire tout à moitié.

Motivation : faire les choses à contrecœur, ne plus être motivé, “ déprimer ”.

Plaisir : ressentir beaucoup de contraintes, rarement se faire plaisir, être totalement frustré.

Bien-être intérieur : énervement, stress, mal-être.

Repérez toutes les conséquences, des plus anodines, ponctuelles, aux plus importantes et graves, pour mieux prendre conscience de ce que vous pouvez gagner à dire « non ».

Ne pas dire « non » implique d'autres effets négatifs auxquels il est aussi possible de remédier en s'affirmant davantage petit à petit.

En effet, comme nous nous frustrons toujours beaucoup à ne pas dire « non », nous mettons en place, là encore – pour nous rattraper, nous exprimer quand même, nous “ venger ” en quelque sorte ou avoir une meilleure image de nous-même – des systèmes de compensation qui ont des effets négatifs, dans la mesure où ils nous créent souvent d'autres problèmes relationnels.

En voici quelques-uns :

- envier, jalouser les personnes plus “ libres ”
- critiquer, médire, mais jamais en face
- être agressif pour s’exprimer quand même, mais négativement
- avoir besoin de prendre l’ascendant sur d’autres personnes, voire être tyrannique
- être intraitable, rigide, manquer de souplesse sur des points de détail
- refuser certaines contraintes et engagements pour se ménager “ en cachette ” des zones indispensables de liberté et d’expression...
- se rendre indispensable
- jouer les tout-puissants, les forts, les fiables, les fidèles
- attendre des remerciements. Penser qu’un jour, on sera en retour remercié de nos services, etc.

Enfin, quand on ne sait pas dire « non », pour peu que l’on soit lucide, on se sent souvent en disharmonie avec soi-même, à cause des bénéfices secondaires...

En effet, dans tout comportement, même erroné, surtout erroné, nous trouvons des bénéfices secondaires.

Il s’agit d’avantages illusoires, mineurs ou dépassés par rapport à nos besoins et à nos désirs réels, mais qui, du moins pendant un temps, nous donnent quand même une satisfaction ou un confort.

Ces bénéfices secondaires expliquent d’ailleurs pourquoi nous avons souvent tant de mal à changer. Mais ils créent surtout en nous des contradictions parfois difficiles à vivre et une sorte de malaise permanent.

Les bénéfices secondaires

- Avoir indirectement du pouvoir sur une personne qui a besoin de vous.
- Penser, croire être le préféré, le chouchou...
- Continuer de se croire “ protégé ” par un plus grand, un plus fort...
- Ne pas vraiment prendre toutes ses responsabilités.
- Éviter de prendre en compte ses propres besoins, désirs.
- Se protéger soi-même et éviter de voir jusqu'où, vraiment, on s'abîme.

Plus vous direz « non » quand vous le souhaitez, plus vous serez “ fort ” et en harmonie avec vous-même.

Évaluez les risques

Parallèlement, notez les risques objectifs à vous opposer. 9 fois sur 10, vous verrez qu'ils sont dérisoires. Les conséquences sont même très souvent à court ou moyen terme positives, tant pour vous-même que pour votre interlocuteur.

Revenez à la “ réalité ”.

La peur, on le sait, s'alimente seule et sans raison.

Réfléchissez donc à ce qui se passerait si vous disiez « non »...

Pensez à ce que l'autre pourrait vraiment dire, faire.

Énoncez à haute voix, clairement, ce que vous craignez que l'autre fasse, dise, réponde, quand vous allez dire « non ».

Exemples

« Il va me dire... », « Il va me faire... »

Ou

« J'ai peur qu'il dise... », « J'ai peur qu'il fasse... »

La plupart du temps, vous vous rendrez compte qu'il ne peut pas vraiment vous atteindre.

C'est vous seul, d'une certaine façon, qui continuez à lui attribuer un pouvoir sur vous, un pouvoir qu'il n'a pas ou qu'il n'a plus.

Son statut, sa position, lui confèrent peut-être un pouvoir, mais en aucun cas un réel pouvoir sur vous, dans la mesure où il ne peut pas vraiment vous soumettre, vous empêcher d'exister, d'être.

De plus, en supposant que ses réponses soient vraiment " terribles ", puissantes, prenez conscience, là encore, que vous avez aujourd'hui objectivement d'autres moyens matériels, intellectuels, affectifs, pour vous défendre.

Prenez-en conscience et recherchez-les.

Dans le cas où vous prendriez un risque réel, évaluez en parallèle celui que vous prenez à ne pas dire « non » et faites un choix.

Récapitulons...

Faites-vous confiance

Identifiez bien vos désirs, vos priorités

Repérez tous les gains possibles, tous les avantages

Évaluez les risques

Chapitre 8

Concrètement, pour vous aider

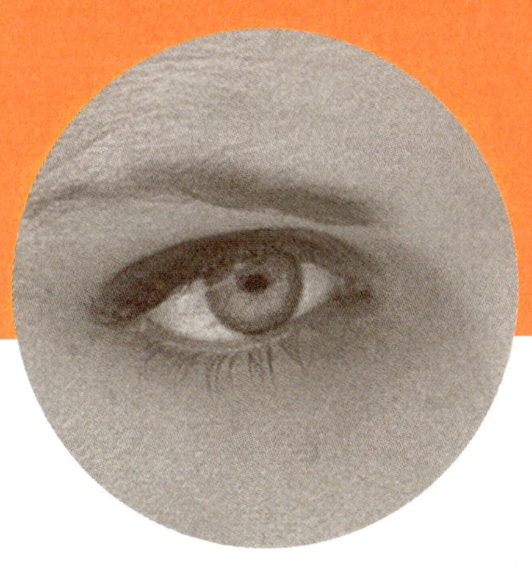

Créez votre légitimité

Dans chaque situation, identifiez objectivement tous vos arguments. Cela vous aidera à résister.

Vous pourrez aussi, si cela est possible mais sans vous justifier, expliquer plus facilement à votre interlocuteur votre refus.

Prenez conscience de la légitimité de votre position et sortez de la culpabilité dans ce cas souvent présente.

Validez l'urgence, le besoin de l'autre

Pour ne pas céder à la pression, pensez à valider l'urgence de la demande, la nature du besoin de votre interlocuteur.

Posez-vous en effet la question : « Pourquoi est-ce si urgent ? » ou « Est-ce si important pour lui ? »

Dans la plupart des cas, la demande n'est pas si urgente ; votre interlocuteur en prendra conscience et vous pourrez plus facilement négocier en professionnel des délais supplémentaires.

D'autre part, dans la majeure partie des cas, il a besoin d'être rassuré sur le fait qu'on l'a entendu, que sa demande est prise en compte et qu'elle sera réalisée.

Pensez à proposer des solutions, des alternatives

Ayez le réflexe de proposer, de suggérer des solutions : un délai, des moyens supplémentaires, des informations, une compensation, un report, etc.

Dans des situations plus personnelles, pensez à proposer un autre type d'échange, une évolution dans la relation...

Une autre piste : le compromis.

8. Concrètement, pour vous aider

Votre patron vous demande de travailler sur un dossier pendant le week-end : pensez à lui proposer la solution qui vous convient le mieux : « Je ne pourrai pas travailler ce week-end mais je viendrai plus tôt lundi matin ». Vous prenez ainsi en compte sa demande, son besoin, sans vous frustrer.

Veillez à la susceptibilité de l'autre

Souvent, l'autre voit midi à sa porte et/ou cherche à se rassurer.

Pour que votre message soit perçu tout à fait positivement, dites-lui, quand cela est possible et selon les circonstances, que « ce n'est pas contre lui », « vous aussi aimeriez que... », « ce n'est pas de la mauvaise volonté », etc.

Récapitulons...

Créez votre légitimité

Validez l'urgence, le besoin de l'autre

Pensez à proposer des solutions, des alternatives

Veillez à la susceptibilité de l'autre

Chapitre 9
Identifiez et dépassez vos peurs

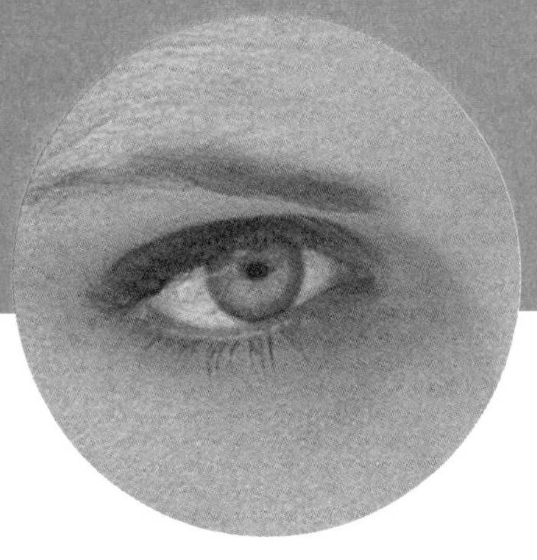

Ce sont toujours nos peurs qui nous empêchent d'aller plus loin, et sur lesquelles nos bonnes résolutions viennent la plupart du temps s'échouer. Alors...

Prenez du recul

Il est important d'essayer d'identifier le plus clairement, le plus finement possible, ce qui a pu, quand vous étiez enfant, vous faire craindre de vous affirmer, d'exister.

Et aujourd'hui encore.

Plus vous retrouverez ce qui vous a fait renoncer à vos droits, plus vous réussirez à dire « non ».

Prenez conscience de vos peurs

Plus vous prendrez conscience de vos peurs, plus vous réussirez à dire « non ».

Quelques bonnes questions à vous poser

Si vous le souhaitez, demandez-vous librement, spontanément, ce qui a pu vous faire craindre :

d'exister ?

de vous affirmer ?

de vous opposer ?

de vous faire plaisir ?

de penser à vous ?

de ne pas/plus être aimé(e) ?

de prendre votre place ?

9. Identifiez et dépassez vos peurs

Ne vous arrêtez pas à la première idée, à la première image.

Il y en a sûrement d'autres.

Continuez votre chemin.

Explorez tous les recoins.

Promenez-vous, n'hésitez pas à revenir plusieurs fois aux mêmes endroits. Vous découvrirez toujours quelque chose.

Posez-vous des questions de plus en plus précises

- « Mon père était-il très autoritaire ? »
- « En avais-je peur, étant enfant ? »
- « Quelle image avais-je de lui ? »
- « Avais-je suffisamment de place pour m'exprimer ? », etc.

- « Mes parents étaient-ils fragiles ? »
- « Avaient-ils besoin de moi affectivement ? matériellement ? »
- « Avais-je l'impression de pouvoir exister à part entière ? », etc.

- « Me sentais-je aimé(e) enfant ? »
- « Complètement, entièrement, inconditionnellement ? »
- « Étais-je valorisé(e) pour ce que j'étais ? », etc.

N'allez pas trop vite.

N'hésitez pas à approfondir.

Là sont les clés pour ouvrir la porte.

Repérez à qui, à quoi, vous ne savez pas dire « non » et demandez-vous pourquoi.

Plus vous identifierez clairement ce qui se passe avec telle ou telle personne, lors de telle ou telle demande, plus vous reprendrez possession de vous-même.

C'est le moment de tout regarder.

N'ayez pas peur de votre peur !

Chaque fois que vous avez du mal à dire « non », ayez également le réflexe d'identifier le plus précisément possible de quoi vous avez peur dans la réaction de l'autre et ce que vous craignez de vous autoriser.

Découvrez ce qu'au fond de vous-même vous craignez le plus dans cette situation. Accueillez simplement votre peur pour mieux vous en libérer.

Autour de l'autorité

« Je crains son autorité »...

« J'ai peur de sa violence »...

« J'ai peur de sa vengeance »...

« Je crains son esprit de contradiction »...

« Je redoute son raisonnement »..., etc.

Autour de la culpabilité

« J'ai peur d'exister »...

« J'ai peur de passer en premier »...

« J'ai peur de penser à moi » ...

« J'ai peur de prendre ma place »..., etc.

Autour de la peur de ne plus être aimé

« J'ai peur de ne plus être aimé(e) »...

« Je crains de ne plus être reconnu(e), apprécié(e) »...

« Je crains de ne pas être entendu(e), écouté(e), accueilli(e), désiré(e), comme je suis »..., etc.

Levez vos interdits

Quand on nous a ôté certains droits, nous avons intégré ces interdictions et inconsciemment, sans nous en rendre compte, nous nous répétons à nous-même des messages négatifs qui nous inhibent.

Ainsi, prenez conscience des interdits et des limites que vous vous imposez quand vous ne réussissez pas à dire « non ».

Autour de l'autorité

« Je ne peux pas »...

« Ma position, ma place, mon rang, ne me le permettent pas »...

« Je n'ai pas l'autorisation de donner mon avis, mon point de vue »...

« Je n'ai pas l'autorisation de m'affirmer, de m'exprimer »...

Autour de la culpabilité

« Je n'ai pas le droit de »...

« Je n'ai pas le droit de prendre ma place »...

« Je n'ai pas le droit d'exister »...

« Je fais du mal à l'autre en m'opposant, en déjouant sa stratégie, en ne répondant pas à sa demande »...

Autour de la peur de ne plus être aimé

« Je ne serai plus aimé(e) si »...

« Il/elle va me rejeter si »...

Décodez le désir et la demande cachée de l'autre

Plus vous décoderez le désir ou la demande cachée éventuelle de l'autre, moins ils vous toucheront et plus vous retrouverez vos moyens pour exprimer ce que vous désirez.

En effet, questionnez-vous toujours pour savoir s'il n'existe pas derrière une demande exprimée, une autre demande, un autre désir (en dehors de celui très courant, nous l'avons vu, d'être rassuré), surtout s'ils risquent de réactiver vos craintes passées.

Demandez-vous par exemple, si l'autre a :

- **un désir de montrer ou de prouver son autorité ?**
- **un désir de vous culpabiliser ?**
- **un désir de " pouvoir " sur vous ?**
- **un désir de vous montrer que, de toute façon, le vôtre ne compte pas ?**
- **un désir de vous montrer que vous risquez de perdre son estime, une promotion, un avantage à venir, sa reconnaissance, si..., etc.**

Vous avez vraiment intérêt à décoder ces demandes cachées.

Sinon, vous aurez du mal à les déjouer, à ne pas " rentrer " dedans, surtout si ces demandes sont les mêmes que celles que vous avez entendues quand vous étiez enfant.

C'est là, bien sûr, qu'elles peuvent le plus vous faire régresser et vous piéger. En voici quelques exemples…

Autour de l'autorité

« Tu dois le faire car je suis ton supérieur »…

« Rassure-moi, montre-moi que c'est moi qui ai l'autorité, de l'autorité »…

« Reconnais-moi dans mon pouvoir »…

« Obéis-moi »…, etc.

Autour de la culpabilité

« Occupe-toi de moi »…

« Ne me laisse pas »…

« Comble-moi »…

« Aide-moi »…

« Tu vas (me) le payer »…, etc.

Autour du “ chantage ” affectif

« Fais ce que je veux pour que je t'aime »…

« Plie-toi à mes désirs pour que je t'aime »…, etc.

Faites la part des choses

Il se peut que l'autre, et c'est malgré tout le cas le plus fréquent, nous adresse une demande, mais il se peut aussi que nous imaginions qu'il nous l'adresse.

Il est donc important de faire la part des choses.

Certes, chaque fois qu'une demande vous est adressée, quelle qu'en soit sa forme ou sa nature, vous avez intérêt à la décoder pour identifier son degré de « clarté ».

Mais demandez-vous aussi si ce n'est pas vous parfois, qui attribuez à l'autre des demandes, des intentions qu'il n'a pas : vous soumettre à son autorité, vous culpabiliser.

C'est peut-être vous qui projetez vos propres peurs en lui prêtant ces intentions.

En effet, nous pouvons penser que l'on nous demande quelque chose, même si ce n'est pas le cas.

De fait, si nous avons été très habitué à recevoir ou à craindre une demande, nous la redoutons toujours et/ou nous nous soumettons à l'avance.

Cela peut être dangereux.

Si la demande n'existe pas vraiment, vous pouvez finir par la créer.

Si ce que vous croyez n'est pas du tout ce que l'autre attend de vous, vous risquez de générer incompréhension et malentendu.

Enfin, dans tous les cas, vous renforcerez seul votre difficulté à dire « non ».

Ainsi, la demande de l'autre peut ne pas être claire, mais vous pouvez aussi " projeter " seul dans votre coin.

Il peut bien sûr y avoir des deux : vous pouvez projeter vos peurs et la demande de l'autre ne pas être très claire.

Attention toutefois : vous pouvez penser projeter alors que la demande de l'autre n'est vraiment pas claire.

Il peut alors s'agir de votre culpabilité, dans la mesure où c'est à vous que vous attribuez la faute !

Protégez-vous... et mettez en place vos “ garde-fous ”

À présent, chaque fois que vous ne savez pas dire « non » à une personne, à l'une de ses demandes, repérez le message négatif que vous vous distillez.

Il y a forcément un message qui résonne particulièrement en vous à ce moment-là, face à cette personne-là, à cette demande-là.

Identifiez-le.

C'est le frein, pour vous, le plus important.

Renouvelez l'opération pour la peur que vous ressentez à ce moment-là.

Identifiez-la, le plus précisément possible.

Demandez-vous ce que vous craignez, qui vous craignez.

Au début, vous aurez peut-être du mal à cerner l'obstacle majeur, par peur justement.

Insistez, précisez.

Petit à petit, vous y parviendrez.

Dans un second temps, trouvez, face à votre barrière d'une part, et votre peur de l'autre, l'écho positif pour prendre du recul, pour sortir de l'interdit et de la peur, pour ne plus être “ dedans ”.

S'il y a plusieurs messages négatifs, interdits, peurs, repérez-les tous, mais travaillez sur un seul à la fois.

Choisissez dans la liste suivante, ou créez vous-même les deux phrases (l'une pour l'interdit, l'autre pour la peur) qui vous parlent le mieux, que vous sentez le mieux vous protéger.

Mémorisez-les et, régulièrement, face à une situation, répétez-les mentalement.

Vous réussirez ainsi petit à petit, plus facilement, à dire « non ».

Voici quelques exemples dans les pages qui suivent.

Autour de l'autorité

« Je crains son autorité »	« Je n'ai (plus) rien à craindre de son autorité » « J'ai ma propre autorité aujourd'hui » « De toute façon, il n'a pas l'autorité absolue » « Je m'autorise à m'affirmer »
« J'ai peur de sa violence »	« Je n'ai rien à craindre de sa violence » « J'ai les moyens aujourd'hui de répondre à sa violence »
« Je crains son esprit de contradiction »	« J'ai mes propres arguments » « Aujourd'hui, je suis sûr(e) de moi »
« Je redoute son raisonnement »	« J'ai mon propre raisonnement » « Mon raisonnement vaut le sien », etc.

Autour de la culpabilité

« Je me sens coupable »	« Je n'ai pas à me sentir coupable »
« Je n'ai pas le droit d'exister »	« J'ai le droit d'exister »
« Je n'ai pas le droit de passer en premier »	« J'ai le droit de passer en premier »

« Je n'ai pas le droit de penser à moi »	« J'ai le droit de penser à moi »
« J'ai peur de prendre ma place »	« J'ai envie de prendre ma place »
	« Il est légitime que je prenne ma place »
	« Il y a une place pour tout le monde »
« Je n'ai pas le droit de me faire plaisir »	« J'ai moi aussi le droit de me faire plaisir »

Autour de la peur de ne plus être aimé

« J'ai peur de ne plus être aimé(e) »	« Je n'ai pas/plus à avoir peur de ne plus être aimé(e) »
	« Il n'y a aucune raison pour qu'il/elle ne m'aime plus »
	« Je prends le risque de ne plus être aimé(e) »
« J'ai peur de ne plus être reconnu(e), apprécié(e) »	« Je prends le risque de ne plus être reconnu(e), apprécié(e) »
« Je crains de ne pas être entendu(e), écouté(e), désiré(e) tel(le) que je suis »	« Il n'y a aucune raison pour que je ne sois pas entendu(e), écouté(e), désiré(e) tel(le) que je suis »

La phrase clé sera sensiblement différente pour chacun et selon les situations.

Plus vous aurez identifié finement ce qui vous fait peur, ce que vous craignez, plus votre garde-fou, votre protection seront percutants et efficaces.

Récapitulons...

Prenez du recul

Prenez conscience de vos peurs

Posez-vous des questions de plus en plus précises

N'ayez pas peur de votre peur !

Levez vos interdits

Décodez le désir et la demande cachée de l'autre

Faites la part des choses

Protégez-vous et mettez en place vos “ garde-fous ” !

Chapitre 10

Quelques derniers conseils

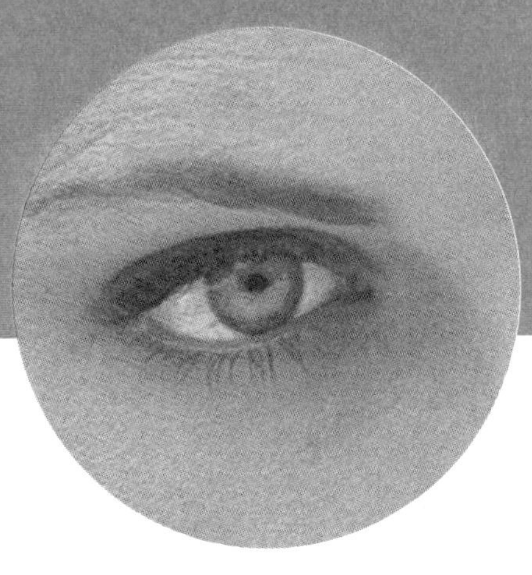

Développez un nouvel état d'esprit

Établissez le plus possible des relations d'adulte à adulte.

Essayez de ne plus regarder votre interlocuteur comme vous regardiez vos parents.

Il s'agit de quelqu'un d'autre, qui, la plupart du temps, n'a pour vous ni le même regard, ni les mêmes attentes, ni les mêmes demandes.

Ne vous soumettez donc pas à un pouvoir imaginaire.

Une fois encore, pensez aussi aux atouts que vous avez aujourd'hui.

Comprenez que vous n'êtes plus l'enfant d'hier, et que vous pouvez plus facilement vous libérer de votre crainte de l'autorité, de votre sentiment de culpabilité, de votre peur de ne plus être aimé.

Comprenez que vous avez plus de moyens aujourd'hui pour réagir, vous affirmer et exister comme vous êtes.

D'autre part, n'idéalisez pas trop les relations, ce qui est encore une réaction un peu infantile et un reste de rêve de fusion.

La différence de points de vue, d'intérêts, est normale, et la plupart du temps, dire « non » à l'autre n'équivaut pas à “ couper ” avec lui ou à “ devoir faire sans ” !

En s'affirmant davantage, on crée au contraire de meilleures conditions pour construire, avancer, s'enrichir ensemble.

Persévérez, ne vous découragez pas !

Si vous ne réussissez pas du premier coup ou si vous vous sentiez prêt mais que vous n'êtes pas allé au bout de vos intentions, ne vous découragez pas.

D'une certaine façon, c'est logique.

Une fois encore, ne vous culpabilisez pas, évitez de vous dire que “ vous n'êtes pas capable ”, que “ vous n'y arriverez jamais ”, que “ votre lot est vraiment de rester soumis, coupable, dépendant de l'amour des autres ”.

Même remarque si vous réussissez les premiers pas mais que vous vous êtes arrêté à l'étape suivante.

Gardez les yeux fixés sur la ligne d'horizon, poursuivez votre but.

10. Quelques derniers conseils

L'important n'est pas le temps passé à se préparer, à travailler, à recommencer.

L'important est d'avancer.

Notez avec joie vos progrès et ceux qu'il vous reste à faire.

Votre véritable objectif est de travailler à l'expression et à l'affirmation de vous-même...

C'est tout.

Nous l'avons vu, dire « non », c'est oser s'affirmer, exister.

Même si le “ ras le bol ” peut parfois vous donner envie de dire « non » capital, majeur, à la personne qui vous en demande trop, c'est petit à petit que vous parviendrez à le faire sereinement.

Bonne route...

Conclusion

Dire « non », dire « oui », c'est dire !

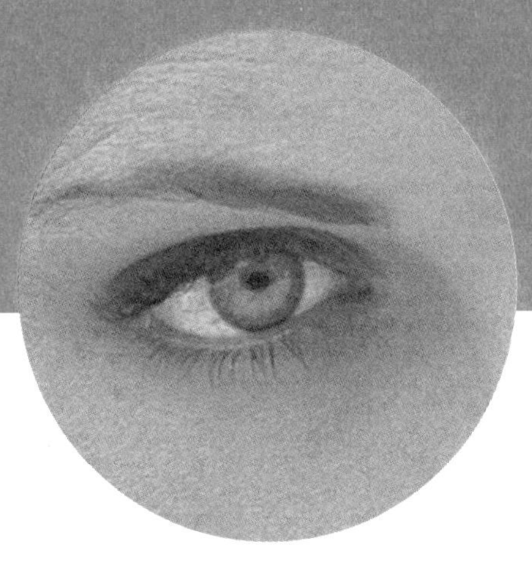

Dire « non », dire « oui », c'est dire !

Il est important d'en prendre conscience.

Pour s'encourager.

De fait, nous avons tous déjà DIT quelque chose.

Nous nous sommes tous déjà exprimé, affirmé, quelque part.

Par ailleurs, si savoir dire « non » est oser exister, nous avons tous, d'une certaine façon, à exister davantage et par conséquent, à oser dire « non » dans les situations où peut-être nous ne l'avons jamais dit, là où peut-être nous n'imaginons même pas encore que nous le puissions.

Il y a toujours, si nous voulons bien le reconnaître, des demandes, des pressions sociales et culturelles, face auxquelles nous n'avons pas encore pris position, des lieux, des zones où nous ne sommes pas libre, où nous ne sommes pas nous-même.

Exister, c'est être chaque jour davantage soi-même... en osant dire « non » comme en osant dire « oui » à ce que, profondément, nous souhaitons.

Souvenez-vous : dire « non », c'est comme dire « oui »...

C'est DIRE !

Table des matières

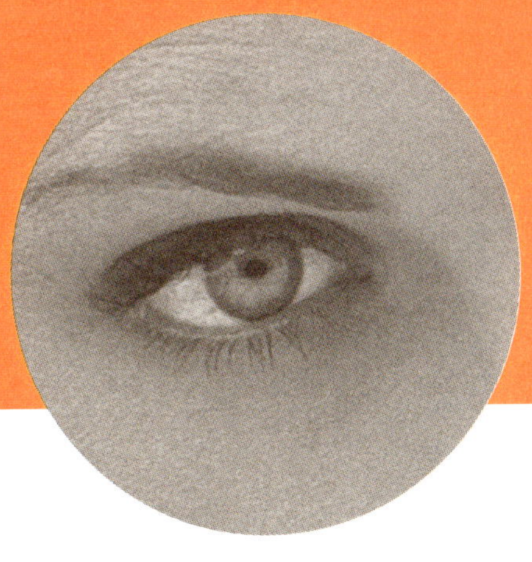

Préambule : Le pouvoir de dire « non ». 7
Pour commencer... : Savoir parler pour soi 9
Un besoin quotidien 11
Des réactions toujours irrationnelles 11
Avoir toutes les clés 12
Un problème bien posé est déjà à moitié résolu 13
Commencez par y voir clair 15
Au cas où vous auriez des doutes 17
Est-ce que vraiment, vous ne savez pas dire « non » ? 17
Est-ce que vraiment vous savez dire « non » ? 19
Mettez-vous en situation et faites votre auto-diagnostic... 22
À qui avez-vous le plus de mal à résister ? 22
À quel type de demande avez-vous le plus de mal à résister ? 24
Ne pas savoir dire « non » : jusqu'où ? 28
À quoi vous laissez-vous " avoir " ? 35

Première partie : Pourquoi avons-nous du mal à dire « non » ? 39
1. À l'origine, la peur de s'affirmer, d'exister, d'être.... 41
Mais d'où vient cette peur ? 45
La crainte de l'autorité 45
La culpabilité 45
Le besoin d'être aimé ou la peur de ne plus l'être 45
2. Un bain culturel peu propice à l'affirmation de soi 49
Un faible encouragement à être soi-même 51
Une faible habitude à communiquer 53
L'influence judéo-chrétienne 56
Et notre environnement qui change peu 58
Les relations de pouvoir 59

Les personnes toxiques 59
Une forte " demande " sociale 61
3. L'impact de l'enfance 65
Notre histoire personnelle... et la crainte de l'autorité 68
Un parent très autoritaire, dominateur 68
L'image d'un parent tout-puissant 70
Une éducation essentiellement fondée sur le devoir, l'obéissance, le respect d'une loi 72
Notre histoire personnelle... et la culpabilité 74
Un parent très demandeur 74
Un événement familial douloureux 77
Une éducation fondée sur la culpabilité 77
Notre histoire personnelle... et la crainte de ne plus être aimé 80
Un manque d'amour 80
Un manque de valorisation et de reconnaissance 80
Et toujours, trop d'autorité et/ou de demande ! 81
Les demandes cachées 84
Les rôles à jouer 87
4. Encore quelques raisons pour avoir peur de s'affirmer, d'exister 91
Le manque de confiance en soi 93
La peur de grandir 94
La peur du conflit 94
Le besoin " fou " de séduction 94
5. C'est le moment de faire des liens 97
À l'origine, des difficultés spécifiques 100
Crainte de l'autorité et ne pas savoir dire « non » à... 100
Culpabilité et ne pas savoir dire « non » à... 102
Peur de ne plus être aimé et ne pas savoir dire « non » à... 103
Les liens entre le passé et le présent 105
De la difficulté à résister à la " norme " 108

Table des matières

Deuxième partie : Quoi faire pour mieux savoir et oser dire « non » ? . . 109

6. Quelques préalables incontournables . . . 111

Demandez-vous si vous êtes prêt . . . 113

Embrassez toute votre difficulté à dire « non » . . . 114

Ne vous culpabilisez pas . . . 114

Pratiquez la politique du petit pas . . . 115

Commencez dès aujourd'hui . . . 115

7. Encouragez-vous . . . 117

Faites-vous confiance . . . 119

Identifiez bien vos désirs, vos priorités . . . 120

Repérez tous les gains possibles, tous les avantages . . . 120

Évaluez les risques . . . 123

8. Concrètement, pour vous aider . . . 125

Créez votre légitimité . . . 127

Validez l'urgence, le besoin de l'autre . . . 128

Pensez à proposer des solutions, des alternatives . . . 128

Veillez à la susceptibilité de l'autre . . . 129

9. Identifiez et dépassez vos peurs . . . 131

Prenez du recul . . . 134

Prenez conscience de vos peurs . . . 134

Posez-vous des questions de plus en plus précises . . . 135

N'ayez pas peur de votre peur ! . . . 136

Autour de l'autorité . . . 136

Autour de la culpabilité . . . 136

Autour de la peur de ne plus être aimé . . . 137

Levez vos interdits . . . 137

Autour de l'autorité . . . 137

Autour de la culpabilité . . . 137

Autour de la peur de ne plus être aimé . . . 138

Décodez le désir et la demande cachée de l'autre . . . 138

Autour de l'autorité . . . 139

Autour de la culpabilité 139
Autour du “ chantage ” affectif 139
Faites la part des choses 139
Protégez-vous... et mettez en place vos “ garde-fous ” 141
Autour de l'autorité 142
Autour de la culpabilité 142
Autour de la peur de ne plus être aimé 143
10. Quelques derniers conseils 145
Développez un nouvel état d'esprit 147
Persévérez, ne vous découragez pas ! 148
Conclusion : Dire « non », dire « oui », c'est dire ! 151
Table des matières 155

Imprimé en Allemagne

Dépôt légal : juin 2003